Eigenreimzulage

Reime

Eigenreimzulage

Birgit Hufnagl

Reime

Alle Rechte, insbesondere auf
digitale Vervielfältigung, vorbehalten.
Keine Übernahme des Buchblocks in digitale
Verzeichnisse, keine analoge Kopie
ohne Zustimmung des Verlages.
Das Buchcover darf zur Darstellung des Buches
unter Hinweis auf den Verlag jederzeit frei
verwendet werden.
Eine anderweitige Vervielfältigung des
Coverbildes ist nur mit Zustimmung
des Coverillustrators möglich.

www.net-verlag.de
Erste Auflage 2017
© Coverbild: Ricardo di Giore
Covergestaltung und Korrektorat: net-Verlag
© net-Verlag, 39517 Tangerhütte
printed in the EU
ISBN 978-3-95720-223-9

Widmung

Gewidmet meinem Freund Andreas
und unseren beiden Katzenmädels
Reina und Ainoa.

Diese braven drei halten mir den Rücken frei.

Inhaltsverzeichnis Kapitel

A	9
B	18
D	31
E	35
F	38
G	46
H	54
I	62
J	63
K	64
L	72
M	77
O	83
P	86
R	91
S	93
T	111
U	113
V	115
W	118
Z	122

Über die Autorin   126
Buchempfehlungen   127

ACKERbauer Sepp

Sepp experimentiert mit irrem AugenflACKERn
mit ACKERgiften beim nächtlichen beACKERn
seines MaisACKERs, inklusive ACKERrand.
Letztens hat er ACKERland
als Bauland verkauft, einen GetreideACKER
für ACKERcross an einen AutomatenknACKER
vermietet und sich mit HolzhACKERn,
die entsetzliche KorintenkACKER waren, MöbelpACKERn
und einer HACKERbande im Gasthof »Zum AbsACKER«
wegen ACKERpreisen geprügelt und sich sehr wACKER
geschlagen. Er überfährt eine ACKERblume
und ACKERunkräuter in der ACKERkrume.
Sepp bemerkt tote ACKERvögel neben seinem
ACKERschlepper,
wobei er den ACKERrandstreifen versehentlich mit
Geschepper
überfährt und auf die breite Bundesstraße kommt.
Die VerpACKERin im Kleinwagen rammt ihn prompt!

ADELheid

ADELheids NADELstreifenkostüm, HaarnADELn und die HutnADEL sitzen
tADELlos, während sie auf die stecknADELkopfgroßen NADELspitzen
der TanknADEL, SicherheitsnADELn und der TachometernADEL starrt.
Zwischen NADELbäumen, TannennADELn und dem HeustADEL verharrt
sie in gekrümmter Haltung. StricknADELn und SpritzennADELn
ragen aus ADELheids leblosem Körper. Spurensucher tADELn
sich neben der demolierten ADELskarosse zwischen ADELssitzen,
bestimmen NADELgräser und NADELgewächse, warten mit ADELswitzen
auf und untersuchen LADELuftschläuche bei den ZitADELlen.
ADELsmänner mit ADELsprädikaten versorgen alle mit FrikADELlen,
Listen von ADELsgeschlechtern und Unterlagen vom ADELsverband.
Schließlich suchen sie ADELheids Mörder im Heimatland!

ANGELshopinhaberin ANGELika und TURNIERreiter Tassilo

Zwischen ANGELködern, ANGELgeräten und ANGELfreunden am LieblingsANGELplatz sendet ANGELika eine SMS an ihren Schatz auf dem TURNIERplatz. Vor TURNIERrichtern im SpringTURNIER überspringt Tassilos TURNIERstute »TriANGEL« in souveräner Manier TURNIERhindernisse, als laute Klingeltöne aus Tassilos TURNIERreithose ertönen. »TriANGELs« TURNIERsattel verrutscht, als sie große Luftsprünge macht, dabei Tassilo verliert, übers TURNIERgelände zu TURNIERpferden galoppiert und mit TURNIERponys zu rANGELn beginnt, während bei der HauptTURNIERveranstaltung der Sturmwind ein TURNIERzelt zerstört. Ein TURNIERleiter bekommt Atembeschwerden wegen LuftmANGEL. TURNIERreiter alarmieren TURNIERärzte. ANGELshopinhaberin ANGELika sitzt bei Abendrot mit TURNIERtänzern, ANGELhaken und SchlafmANGEL im ANGELboot.

ANLAGEnmechaniker Gerald

Der ANLAGEnmechaniker Gerald wartet in zwei
AbfüllANLAGEn
AlarmANLAGEn, HeizANLAGEn, KlimaANLAGEn und
ToilettenANLAGEn. An Werktagen
pflegt er abends GrünANLAGEn zweier
KurANLAGEn und verspeist die Eier
seiner Hühner, die er auf der alten
BahnANLAGE zwischen GleisANLAGEn, FunkANLAGEn
und AbwasserreinigungsANLAGEn halten
darf. Sein Vermieter, ein ANLAGEnhersteller,
modernisiert Geralds Zimmer im Keller.
Gerald kränkelt und jobbt zusätzlich im ANLAGEncafé.
Eine ANLAGEningenieurin spendiert ihm eine Tasse
Kamillentee
und erzählt von ihren WertpapierANLAGEn,
FestgeldANLAGEn, ANLAGEnanschlüssen
und SparANLAGEn. Zwischen MusikANLAGE und
BrandschutzANLAGE küssen
sich beide. Die ANLAGEningenieurin gibt Gerald Tipps
für GeldANLAGEn und hat einen ordentlichen Schwips,
als Gerald sie ersticht; vor ihrer WohnANLAGE!
Bargeld und ANLAGEzertifikate behält er als Gage.
Der psychopathisch veranlagte Gerald will im Leben
einmal Geld für ANLAGEnobjekte wie SolarANLAGEn
ausgeben!

ARCHITEKT Archibald und GUMMIfabrikbesitzerin Gundel

Gundel vermehrt gerade in dicken GUMMIhandschuhen GUMMIbäume, als sie GUMMIfabriken erbt! Sie sammelt GUMMIerte Briefmarken, KauGUMMIstreifen und GUMMIenten. Den starken LandschaftsARCHITEKTen Archibald trifft sie vor ARCHITEKTurkalendern und ARCHITEKTURzeitschriften auf GUMMInoppenmatten neben Zeitungsständern. Gundel erzählt Archibald von GUMMIoberflächen, GUMMIwaren, GUMMIarmbändern, GUMMIharzarten, ScheibenwischerGUMMIs, der GUMMIindustrie in anderen Ländern, horrenden ARCHITEKTenhonoraren, GUMMIbärchen, GUMMIoveralls und vom Erbschein. Mitarbeiter der GUMMIwerke und ARCHITEKTen vom ARCHITEKTurverein werfen GUMMIbälle auf der übereilten Hochzeit und stehen für lustige GUMMIhüpfspiele bereit! Archibald erklärt Gundel die ARCHITEKTur einer Brücke. Oben stößt er sie durch eine Zaunlücke.

ARIEnsängerin ARIElle und CHIPhersteller Krister

Wegen KARIEsbildung, SekundärkARIEs und anderen KARIEsformen singt
ARIElle als KARIEsbetroffene mit Schmerzen, die kARIEsbedingt
sind, OpernARIEn auf der VARIEteeschaubühne im VARIEtee.
Im einschnürenden kanARIEngelben Kleid bekommt ARIElle Bauchweh.
Während der VARIEteeaufführung zeigt Ehemann Krister dicken,
solARIEngebräunten PistenpräpARIErmaschinen-Herstellern Fotos von seinen CHIPfabriken, CHIPlesegeräten, KanARIEnvögeln und VideoschnittstellenCHIPs und vertilgt Unmengen von KartoffelCHIPs. ARIEnsängerin ARIElle greift, vom engen,
kARIErten Unterrock genervt, nach zwei CHIPpendale-Stühlen.
Sie trällert ARIEtten, und mit gemischten Gefühlen traktiert sie CHIPhersteller Krister mit einem Stuhlbein.
Laut notARIEll beglaubigtem Testament erbt ARIElle allein!

ARTistin Martha

MARThas Freund, GARTenarchitekt ARTur, betreut mehrere SpARTen
in einer Versicherung. ARTur kämpft mit hARTen Bandagen. Die zARTbesaitete Martha hasst das WARTen auf ihren Hochseilakt. Während ARTur die winterhARTen, zARTen GARTenblumen mit Vernichtungsmitteln gegen alle UnkrautARTen
und SchädlingsARTen besprüht, legt HochseilARTistin MARTha TarotkARTen
und isst ZARTbitterschokolade bis kurz vorm DurchstARTen zum Auftritt. ARTur bestellt DARTscheiben, futtert gegARTen
Lachs, schaut einen Film über einen smARTen, hARTherzigen Geldhändler an und bucht organisierte Oldtimerfahrten.
MARTha kämpft für bedrohte PflanzenARTen und TierARTen.
ARTur verstaut StARThilfekabel im GARTenhaus im GARTen,
während MARTha bei ARTistischen Darbietungen an internationale
ARTenschutzabkommen denkt. Sie begeht Fehler; zwei fatale!

ATEMtherapeutin Annika

ATEMtherapeutin Annika läuft mit ATEMschutzmaske
ATEMlos
durch die Nacht. ATEMschutzgeräteträger demonstrieren
rigoros
mit ihr für bessere ATEMluft! Auf privATEM
Grund liest Annkia ihr ATEMberaubendes Gedicht
»WaldATEM«,
und ATEMkursleiter inszenieren ATEMkrämpfe,
ATEMaussetzer und ATEMbeschwerden,
die von ATEMzug zu ATEMzug schlimmer werden!
Annika zeigt ATEMkniebeugen und ein ATEMdruck-
Messgerät
und referiert über ATEMprobleme und die ATEMqualität.
Ein dicklicher ATEMtrainer spricht eine lange Zeit
von ATEMübungen, ATEMnöten, ATEMgeruch und der
ATEMverschieblichkeit,
zeigt ATEMschutzfilter, ATEMluftbefeuchter,
ATEMtechniken und ein UnterwasserATEMgerät
und verschmutzt die ATEMluft, weil's ihn bläht!

AUßENhandelskauffrau Bianka

AUßENdienstmitarbeiter stellen bei Bianka täglich die
AUßENstrahler
und die AUßENleuchten mit Bewegungsmelder um. Maler
streichen AUßENfarben auf AUßENtüren, AUßENwände und
AUßENmauern.
AUßENkamine und AUßENaufzüge zicken nach mehreren
Regenschauern
neben den AUßENfenstern. Bianka bestellt kurzerhand neue.
AUßENsteckdosen erhält AUßENhandelskauffrau Bianka für
ihre Kundentreue
gratis! Mit gerissenem AUßENband und
AUßENohrentzündung überwacht
sie einen Hilfsarbeiter, der drAUßEN AUßENpools überdacht.
Beim Einbau von AUßENfliesen, AUßENduschen und
AUßENtreppen
beschimpft Bianka zwei Auszubildende als Deppen,
bis ihr ein AUßENspieler, der linksAUßEN spielt,
die Umgestaltung der AUßENanlagen und AUßENfassaden
empfiehlt!

BALLettlehrerin Mia

Ein FußBALLtrainer hat für FußBALLspieler BALLettkurse gebucht.
Ein BALListiker in BALLettschläppchen und BALLettkleidchen versucht,
neben dem HeißluftBALLonfahrer in BALLettsöckchen
mit BALLonpumpe und BALLfrisur Schneeflöckchen
zu tanzen. Sogar BALLspiele und BALLaststoffe schreibt
Mia in ihre witzige BALLettaufführung und treibt
einen BALLettmeister in den Wahnsinn mit
BALLkunststücken!
Sie lässt BALLetttänzer und BALLjungen BALLonblumen
pflücken,
als der FußBALLtorwart einen GolfBALL verschießt.
Über die Stirn einer BALLerina fließt
Blut, während Notärzte BALLetmäßig zur BALLettmusik
eintraben;
die sogar BALLetttaschen und einen SchneeBALL dabeihaben!

BAUMlos

BAUMchirurg BAUMeister lässt bei BAUMfällarbeiten die Seele BAUMeln. BAUMstumpffräsen bereiten ihm genauso viel Freude wie BAUMerntemaschinen, BAUMhohe Farne, BAUMbestattungen, BAUMischabfälle, BAUMärkte, BAUMessen und rohe BAUMwolle. Er liebt BAUMrodungen und BAUMfreie Zonen und lässt BAUMkäfer auf Drohnen über BAUMkronen in LaubBAUMwäldern kreisen, bevor er beim SchlagBAUM parkt und günstige BAUMtomaten kauft, die kaum Geschmack haben. Er entsorgt Verpackungsmüll von BAUMnüssen und BAUMkuchen im Verbindungskanal zwischen zwei Flüssen.
BAUMchirurg BAUMeister erfindet BAUMkrankheiten und teilt BAUMholz neben einem PlastikBAUM mit dem BAUMschulbesitzer Scholz.

BELEGarzt Marinus

Marinus isst auf der BELEGschaftsversammlung BELEGte Brote
und stibitzt BELEGkirschen, während er die FehlBELEGungsquote
verschönt. Eine hübsche BELEGhebamme beschreibt eine BELEGgeburt
und ihre Probleme mit BELEGschaftsstrukturen,
BELEGoperateur Kurt,
der DoppelBELEGung der BELEGbetten im Zimmer vier
und defekten BELEGdruckern. Hinter Stapeln von Druckerpapier
und BELEGordnern mit EinzahlungsBELEGen, ProvisionsBELEGen
und AnzeigenBELEGen im BELEGschaftsraum bewegen
sich die BELEGhebamme und BELEGarzt Marinus miteinander
unter RaumBELEGungsplänen neben BELEGmustern, bis
BELEGanästhesist Alexander
die beiden entdeckt und die BELEGschaft informiert.
Sogar BELEGschaftsangehörige der unterBELEGten
BELEGklinik lauschen interessiert!

BEREITschaftstierarzt Benno

BEREITs aufbruchBEREITe BEREITerinnen leeren BEREITwillig eine Flasche Absinth mit BEREITschaftstierarzt Benno. In seiner BEREITschaftstasche klingelt das BEREITschaftshandy. Vorm Haus marschieren gewaltBEREITe Aktivisten, die wegen WiederaufBEREITungsanlagen demonstrieren. Benno fühlt sich weder fahrBEREIT noch kampfBEREIT oder verteidigungsBEREIT, als einsatzBEREITe BEREITschaftspolizistinnen zu zweit mit ihrem verhandlungsBEREITen BEREITschaftsleiter auf ihn zulaufen und auf BEREITschaftsrichter deuten, die schwer schnaufen, weil sie gesprächsBEREIT beim BEREITschaftseinsatz helfen wollten und im Matsch niedergetrampelt wurden! Benno drückt einer hilfsBEREITen BEREITerin seine BEREITschaftstasche in die Hand, die immerhin noch nüchterner ist als er. SchussBEREITe Jugendliche verletzen sie schwer, und Benno flüchtet todBEREIT in den BEREITschaftsraum einer BEREITschaftspraxis. Ist alles nur ein Albtraum?

BERUFsberater Bert

Bert veranstaltet ein BERUFsquizz und heiteres
BERUFeraten
für BERUFsjägerinnen, BERUFsreiterinnen und
BERUFspädagoginnen in privaten
Räumen. BERUFstätige dürfen »BERUFswechsel wegen
BERUFskrankheit« spielen.
BERUFsdoktorantinnen in der BERUFskleidung von
BERUFstaucherinnen erzielen
Lacher, als sie für BERUFseignungstests als BERUFsanfänger
in Berts Schwimmbecken BERUFsbezogen und
BERUFsmäßig länger
tauchen. Eine BERUFskillerin mit BERUFserfahrung blickt
mild,
während sie über BERUFsunfähigkeitsversicherungen und ihr
BERUFsbild
spricht. Bert verwechselt plötzlich BERUFsnamen, atmet
schwer
und alarmiert einen BERUFseinsteiger bei der
BERUFsfeuerwehr!
Bevor die BERUFskillerin mit BERUFszertifikat
BERUFsreisen antritt,
schießt sie BERUFsberater Bert in den Schritt.

BETTenverkäuferin BETTina

BETTinas dressierter Mops BETTelt BETTfertig in BETTsocken
und im BETTjäckchen mit BETThaube um Futterflocken im BETTenfachgeschäft. Früher hatte der Mops BETTwanzen.
Er gehörte einem BETTler, der ihm Tanzen und BETTeln im ausgetrockneten FlussBETT auf BETTbezügen
und BETTpfannen lehrte. Mit ZahnBETTentzündung und Vergnügen
umtanzt der Mops namens »BETTfloh« BETTenkunden, StockBETTen,
die BETTfüße von HimmelBETTen und den netten, schwerreichen Inhaber der großen BETTfedernfabrik.
»BETTfloh« galoppiert
um den BETTfedernfabrikanten, der hobbymäßig Tiger dressiert!
BETTina zeigt dem BETTfedernfabrikanten neuerdings BETTschutzgitter, BETTablagen,
BETTwäsche und BETTroste von HotelBETTen an Wochentagen.

BIENENzüchterin Sabina und INDUSTRIEkaufmann Ingmar

Zwischen INDUSTRIEhöfen und INDUSTRIEhallen im INDUSTRIEgebiet fliegen
Sabinas WildBIENEN, und INDUSTRIEkaufmann Ingmar hält Ziegen
hinter INDUSTRIEfrontladern, INDUSTRIEtoren und INDUSTRIEzäunen.
INDUSTRIEtechniker und INDUSTRIEelektriker bauen Scheunen
für Ingmars Ziegen. Über BIENENhäusern und INDUSTRIEanlagen
fällt INDUSTRIEschnee. INDUSTRIEchemiker und INDUSTRIEmaklerinnen jagen
drei ausgebüxte Kühe aus agrarINDUSTRIEllen Unternehmen
hinterher, während INDUSTRIEtaucher sich aus unbequemen Taucheranzügen schälen. INDUSTRIEroboter schütten
INDUSTRIEreiniger in INDUSTRIEspülmaschinen.
INDUSTRIEfachwirtinnen, INDUSTRIEinformatikerinnen, INDUSTRIEmeisterinnen und BIENENzüchterin Sabina bedienen
einen SchwerINDUSTRIEllen mit INDUSTRIEerzeugnissen, BIENENpollen und BIENENwachskerzen.
Chemiebehälter eines INDUSTRIEbetriebes explodieren, während sie scherzen.

BLEIgießerei-Inhaber Bjarne

In Bjarnes BLEIgießerei arbeiten Flüchtlinge mit BLEIberecht und schadhaften BLEIbenden Zähnen, denen Bjarne schlecht schließende BLEIglasfenster, BLEIschrott, BLEIfiguren und BLEIhaltiges Lötzinn
schenkt. Bjarne erBLEIcht, als er seinen Gewinn berechnet. Die hohe BLEIkonzentration in seinem Blut, BLEIdämpfe und BLEIstäube aus BLEIverbindungen sind ungut
für seine Gesundheit. Flüchtlinge tragen BLEIgussformen, BLEIstücke und BLEIgraue BLEIhandschuhe und haben enormen
Spaß zwischen BLEIrohren und BLEIkesseln!
TotenBLEIch liegt Bjarne zwischen Sesseln.
Sein Testament liegt unter BLEIlametta und SenkBLEI.
Seine Flüchtlinge erben BIEIstiftzeichnungen und die BLEIgießerei.

BLOCKflötenspieler Otmar

BLOCKflötenspieler Otmar malt während der
BLOCKabfertigung BremsBLOCKierspuren,
einen GranitBLOCK, BLOCKbuchstaben, BLOCKhaussaunen
und seltsame Figuren
mit WirbelBLOCKaden, dicken BLOCKkerzen und
BLOCKschokolade
vorm ReaktorBLOCK während der dortigen SitzBLOCKade
auf einen SkizzenBLOCK. Er bläst in BassBLOCKflöten,
AltBLOCKflöten, KinderBLOCKflöten und
SopranBLOCKflöten. Durchs laute Tröten
eines Hupkonzerts erschrickt Otmar und BLOCKflöten,
AbreißBLOCK,
BetaBLOCKer, SchmierBLOCK, ein HolzBLOCK und ein
Taktstock
kullern in den Fußraum; irgendwas davon BLOCKiert
die Bremsen! Neben einem großen FelsBLOCK verliert
Otmar BLOCKflötenständer und sein Leben während
HandelsBLOCKaden.
Ein Inhaber von BLOCKflötenshops dokumentiert den
Schaden.

BLUMEngroßhändlerin Lilly

BLUMEngroßhändlerin Lilly schmückt im BLUMEncafé
neben dem BLUMEnladen
BLUMEnkinder für Hochzeiten und BLUMENfotos mit
Schokoladen
in BLUMEnform, BLUMEndekorationen und
BLUMEnketten.
BLUMEnliebhaber und BLUMEnzüchter erhalten Servietten
mit zartem BLUMEnduft sowie BLUMEnuntersetzer beim
Testen
der BLUMEnkohlsuppe aus BLUMEntöpfen auf Lillys
BLUMEnfesten.
Sie veranstaltet BLUMEnquizze, lässt BLUMEnlasterfahrer
EisBLUMEn malen
und verschenkt BLUMEnständer, BLUMEnregale,
TopfBLUMEn in BLUMEnschalen,
BLUMEnsäulen, BLUMEnsträuße, AnsteckBLUMEn,
selbsthergestellte RingelBLUMEnsalbe und BLUMEnvasen.
Verarmt zernagen sie und ihre 14 Angorahasen
BLUMEnstiele, SonnenBLUMEnkerne und BLUMEnblätter
neben einem BLUMEnkübel.
Lilly ist erst blümerant zumute; dann kotzübel.

BRAUTmodengeschäftsinhaber Bill

»Blaukraut bleibt Blaukraut und BRAUTkleid bleibt BRAUTkleid!«
und »BRAUTleute, organisiert BRAUTzüge gegen das Tierleid!«,
krächzt der Papagei »BRAUTräuber« im »BRAUTladen RockerBRAUT«.
»BRAUTräuber« umflattert BRAUTtaschen, BRAUTschuhe, und BRAUTschleier, beklaut BRAUTpaare vor BRAUTdirndln, BRAUTunterwäsche, BRAUTgürteln und BRAUTumhängen
und unterhält mit BRAUTliedern und gekrächzten Gesängen.
Bill organisiert BRAUTautos, BRAUTentführungen und BRAUTleutetage.
Dann flattert gegen »BRAUTräuber« eine Klage wegen angeblichem Diebstahl von BRAUTschmuck ins Haus.
Augenblicklich singt »BRAUTräuber« neben BRAUTsträußen »Applaus, Applaus«
fast fehlerfrei vor Beamten von der Polizei.
Verhaften die Polizisten nun »BRAUTräuber«, den Papagei?

BRILLEnfabrikant Jonathan

Eine riesige ToilettenBRILLE mit gemalten BRILLEnschlangen, die bebrillte BRILLEnschafe und BRILLEnvögel fangen, bildet den Türrahmen von Jonathans BRILLEnladen. BRILLEnbänder, aufgedruckte BRILLEn diverser BRILLEnarten, BRILLEngläser und BRILLEnständer verzieren die Pullover der BRILLEnverkäufer, die TaucherBRILLEn, SchweißerBRILLEn oder MotorradBRILLEn mit BRILLEnkameras in schrillen Farben tragen. Zwei BRILLEntester verklagen BRILLEnfabrikant Jonathan nach dem Tragen von MehrstärkenBRILLEn, weil sie unter BRILLEnunverträglichkeit leiden. BRILLEnträger verheddern sich in BRILLEnketten und verkleiden sich vorm BRILLEnshop für BRILLEnwerbung mit Richterroben. Wofür nicht nur BRILLEnkunden BRILLEnfabrikant Jonathan loben.

BÜROkauffrau Leonie

Nach BÜROpartys sieht Leonie BÜROhengste und Gespenster
hinter BÜROstühlen, BÜROinformationstechnikern und BÜROlampen. Durchs BÜROfenster
entsorgt sie BÜROdrucker, BÜROklammern, BÜROuhren und BÜROpflanzen
und nötigt BÜROleiter im ChefBÜRO zum Tanzen
mit BÜROreinigungskräften auf BÜROtischen. Zwei BÜROmanager, BÜROhunde
und BÜROassistenten folgen Leonie aufs Wort! Runde
30 Minuten lang herrscht im BÜROhausneubau
der Ausnahmezustand, verursacht durch eine BÜROkauffrau!
BÜROangestellte vom BauBÜRO im BÜROcontainer nebenan
informieren während ihrer BÜROtätigkeiten unBÜROkratisch irgendwann
die Polizei. Leonie erzählt im BÜROzimmer BÜROwitze.
BÜROkauffrau Leonie ist blau wie eine Strandhaubitze.

DAMEnfriseur Damasus

DAMEnhaft gelassen spielt Damasus in seinem
»DAMEnsalon
DAMEnzimmer« EmpfangsDAME und BarDAME in einer
Person.
Seine DackelDAME »MaDAME« stiebitzt
DAMEnhandtaschen,
während Damasus DAMEn beim Haarewaschen
DAMEnrasierer für DAMEnbärte, DAMEndüfte und
DAMEnfrisuren empfiehlt.
»MaDAME« öffnet DAMEngeldbeutel hinter DAMEnjacken
und stiehlt
Geldscheine heraus! Sie frisst DAMEnlederstiefel, trägt
DAMEnunterwäsche,
DAMEnkleidchen mit DAMEngürteln und DAMEnhüte. Eine fesche
reiche AdelsDAME im DAMEnkostüm, mit zig
DAMEnketten
behangen, bietet Damasus DAMEnschmuck und einen fetten
Betrag fürs »DAMEnzimmer« inclusive »MaDAME« in
DAMEnsöckchen.
Dafür legt Damasus »MaDAME« noch extra
DAMEnlöckchen.

DATENverarbeitungskaufmann Damian

DATENverarbeitungskaufmann Damian lebt von
DATENhandel und DATENklau
zwischen DATENauswerterinnen, DATENleitungen und
DATENschutzbeauftragten vor DATENverhau.
Er liebt DATENinkonsistenzen, DATENdiebstahl,
DATENpflege,
DATENautobahnen, DATENgeheimnisse und kurze Wege
zu den Toiletten im DATENcenter,
wo öfter ein dicklicher, kompetenter
DATENerfasser und DATENmanager sehr viele
SolDATENlieder singt und etliche SolDATENspiele
gegen Damian verliert. Wütend fesselt der DATENerfasser
Damian mit DATENkabeln und schüttet reichlich Wasser
über Damians DATENblätter, sein Haupt
und DATENschutzerklärungen. Ein DATENjournalist raubt
Damian später KundenDATEN, QuellDATEN und den
Verstand.
Damians Leiche und PersonalDATEN verschwinden im
Nachbarland.

DOSENherstellerin Dorothea

Dorothea ernährt sich von DOSENfertigen Eintopfgerichten, DOSENmais, DOSENbrot, DOSENwurst und DOSENkäse. Was keiner weiß:
Sie züchtet in DOSENförmigen Kühlschränken in GlasDOSEN, BlechDOSEN, PlastikDOSEN und DOSENkühlern Schimmelpilze im großen Stil! Kleine DOSEN Schimmelpilze töten ihre in KonfektDOSEN lebenden DOSENschildkröten. Für den gar nicht netten Hersteller von DOSENverschlussmaschinen und DOSENetiketten gibt's täglich große DOSEN Schimmelpilzgifte in DOSENfisch, DOSENgemüse, DOSENpilzen und DOSENsuppe, die Dorothea frisch mit DOSENfrüchten, DOSENkuchen und DOSENbier serviert, bis der Inhaber von DOSENherstellungsmaschinen krepiert. Und die Moral von der Geschichte:
Misstraue DOSENherstellerinnen und verzichte auf DOSENgerichte!

DRACHENfluglehrerin Violetta und PAARtherapeut Oswald

DRACHENfluglehrerin Violetta isst DRACHENfrüchte, gibt
DRACHENflugschülern DRACHENflugunterricht
und genießt TandemDRACHENflüge bei besonders schlechter
Sicht.
Oswald spricht mit ZwillingsPAARen, ElternPAARen,
BrautPAARen, VerbrecherehePAARen
und GeschwisterPAARen bei der PAARberatung über
Gefahren
bei wilden PAARtänzen, PAARmassagen und im
Straßenverkehr.
Violetta schuftet im DRACHENladen im DRACHENkostüm
schwer,
filmt vom DRACHENclub das DRACHENfest
und organisiert den großen LenkDRACHENtest.
PAARtherapeut Oswald schickt verfeindete EhePAARe zu
PAARläufen,
knipst PAARfotos und begleitet GaunerPAARe zu Einkäufen.
Violetta ignoriert mit dem GleitDRACHEN ein
DRACHENflugverbot.
Während Oswald PAARe berät, liegt Violetta tot
neben ein PAAR PapierDRACHEN, DRACHENstangen und
DRACHENschnüren.
Oswald will nurmehr in Innenräumen PAARgespräche führen.

E

ELTERNbeirätin Elena

ELTERNbeirätin Elena schreibt ELTERNratgeber, hilft einem ELTERNpaar
beim Wein kELTERN und Trinken im ELTERNjahr
und vermittelt ELTERNlose Stadttauben nebenbei an ELTERNsprechtagen.
Bei ELTERNkursen und ELTERNversammlungen
beantwortet Elena Fragen
auch von UrurELTERN, BrautELTERN und einem ELTERNvertreter.
Letzterer betreut ELTERNlose Häschen und heißt Peter.
Beide fasziniert die ELTERNliebe von gewissen ELTERNtieren.
Als RabenELTERN krabbeln beide auf allen vieren
in Rabenkostümen durch die ELTERNschule im Mehrgenerationenhaus
und ernten für ELTERNwitze am ELTERNtelefon Applaus.
Im ELTERNschlafzimmer diskutieren beide über
WELTERNährungskonferenzen, ELTERNkassen,
ELTERNjobs, fürsorgliche TierELTERN und
ELTERNklassensprecher in Schulklassen.

ENGlischlehrerin Elli

Elli liebt einen Mathematiklehrer, den DatenmENGen, MENGenlehre, BetENGel und BENGalkatzen begeistern und der schwere ENGschaftstiefel trägt. Er klagt über eine HerzENGe und über ein ENGwinkelglaukom. Nach einem HandgemENGe verstirbt er in knallENGen Jeans neben ENGhalsflaschen. Elli schenkt einem ENGelschnitzer und HENGstzüchter Stallgamaschen für den ENGlischen VollbluthENGst »ENGelbert«, der strENG bewacht wird. Der HENGstzüchter schwört auf GinsENG und spricht nur über die HENGstaufzucht, HolzENGel, seine ENGagierten Kinder und den quENGelnden RotzbENGel vom SpENGler gegenüber. Elli fasziniert der ENGelsgleich aussehende SprENGmeister im FENG Shui Kurs; steinreich soll er sein und nur von SprENGstoffexplosionen, SprENGstofferlaubnisscheinen und anstrENGenden BrückensprENGungen reden. Mehrere Millionen besitzt er tatsächlich! Elli präpariert seinen GinsENGextrakt mit SchlangENGift. Sein Herz gerät außer Takt!

ERFOLGscoach Erwin

ERFOLGscoach Erwin vERFOLGt ERFOLGsgeschichten um LachERFOLGe, ERFOLGszahlen, ERFOLGsintelligenz und SpitzenERFOLGe. Teilnehmer seiner ERFOLGsseminare malen Bilder von HeiterkeitsERFOLGen, ERFOLGswünschen, KinoERFOLGen und ERFOLGszielen ERFOLGreich in ERFOLGsjournale und ERFOLGstagebücher und spielen sich ERFOLGssituationen und MissERFOLGe vor. Dann singen alle ERFOLGslieder, ERFOLGszitate und ERFOLGsideen und bringen ERFOLGsrezepte zu Papier. Erwin erzählt von ERFOLGsfaktoren und AbschreckungsERFOLGen. Der ERFOLGstrainer wurde blind geboren.
Er spricht von TurnierERFOLGen, ERFOLGskontrolle und ERFOLGsaussichten.
Wie gern würde er über HeilERFOLGe berichten bei seiner fortschreitenden heimtückischen Krebserkrankung! ERFOLGsverwöhnt denkt er an BombenERFOLGe und ERFOLGserlebnisse. Er hängt sehr an seinem ERFOLGsteam und am Leben.
Wird's noch eine ERFOLGsstory für ihn geben?

ℱ

FALLschirmspringer Falk

Falk träumt von auffALLend oft wechselnden
FALLgeschwindigkeiten,
eiskalten FALLwinden, berechnet FALLbeschleunigung und
FALLzeiten
währenddessen und landet vor einer UnFALLgutachterin,
die auf AbFALLbergen gerade den Sinn
des Lebens sucht. Falk überlebte einen BootsunFALL,
den RaubüberFALL nach dem MordFALL beim Faschingsball,
einen FlugunFALL, einen AutounFALL und den schweren
DurchFALL nach dem ParasitenbeFALL. Jetzt jedenFALLs
leeren
Pflegekräfte allenFALLs stündlich seine Bettpfanne.
Falk starrt auf eine Weißtanne.
Die Operation nach seinem BandscheibenvorFALL ist
missglückt.
Er bekommt einen TobsuchtsanFALL und wie verrückt
schnappt er nach einem AsthmaanFALL nach Luft.
Falk träumt von FALLbeilen, FALLrückziehern, einer Gruft,
StromausFALL und AbFALLtonnen. Aus purem ZuFALL
fällt
FALLschirmspringer Falk aus dem Bett. Sein Geld
erhält ein verunFALLter Erbe durch den TodesFALL.
Falk ruht unweit von AbFALLwirtschaftsamt und Reitstall.

FEDERleicht

Der FEDERleichte Krebspatient träumt von FEDERleichten Schneeflocken.
In Einkaufsmeilen kaufen Kaufwütige FEDERohrringe, FEDERleichte Socken,
FEDERzuguhren, geFEDERte Fahrräder mit FEDERgabeln,
FüllFEDERhalter, FEDERkiele
für Kalligrafie, FEDERbetten und FEDERballschläger für FEDERballspiele.
Der Krebspatient liebt seine FEDERtasche mit FEDERverschluss.
Sein Krankenpfleger läuft FEDERnden Schrittes zum Bus.
Landwirte ersteigern FEDERzinkeneggen, HutFEDERn, FEDERstahldraht und FEDERwaagen,
während sie übers FEDERpicken vom FEDERvieh klagen.
Der Krebspatient vermisst sein FEDERkissen;
welche Angehörigen ihn wohl vermissen?
Er nickt zur todkranken, ehemals FEDERführenden Vertrauensdozentin.
Heimlich trinkt er FEDERweißen mit der Mitpatientin.
Beide Krebspatienten besitzen DaunenFEDERjacken und sind FEDERleicht.
Draußen herrscht Wind, der über FEDERgrasbüschel streicht.

FENSTERputzerin Grit

Grit wohnt im FENSTERlosen Kellerraum mit
FENSTERreinigungsmitteln,
FENSTERabziehern, FENSTERglasscheiben,
Briefumschlägen mit SichtFENSTERn und Arbeitskitteln.
Beim Säubern von FENSTERrahmen und FENSTERscheiben
muss sie genauestens die ZeitFENSTER aufschreiben,
in denen sie FENSTERleder wegwirft oder Pausen
macht. Mit einem FENSTERputzroboter treibt sie Flausen
im SchauFENSTER eines FENSTERherstellers mit
FENSTERmalfarben, FENSTERvorhängen
und FENSTERnetzen auf der FENSTERbank.
FENSTERkunden drängen
sich vorm DoppelFENSTER, wo Grit
den FENSTERputzroboter probeweise mit FENSTERkitt
hantieren lässt. Sie begeistert einen großen FENSTERbauer,
der sie in seinem FENSTERzentrum auf Dauer
einstellt. Hinter SüdFENSTERn zwischen witzigen
FENSTERbildern, FENSTERdekoration
und FENSTERrobotern albert Grit gegen fürstlichen Lohn.

FERTIGnahrungsmittelhersteller Volker

FERTIGnahrungsmittelhersteller Volker ernährt sich von backFERTIGen FERTIGpizzen, FERTIGcocktails, FERTIGlasagne und FERTIGkuchen.
Weil er schwitzen hasst, lässt er FERTIGtreppen mit Treppenliften bestücken.
Im schlüsselFERTIGen FERTIGbungalow muss er Tasten drücken,
um FERTIGgardinen, FERTIGgaragen und FERTIGjalousien zu schließen.
Unterm FERTIGbalkon, zwischen FERTIGteich und FERTIGrasen, sprießen
Unkräuter. Volker bestellt gebrauchsFERTIGe Unkrautvernichtungsmittel, FERTIGparkett, FERTIGputz und eine eilFERTIGe Putzfrau wegen dem Schmutz.
Er ordert bratFERTIGe Tauben, FERTIGlesebrillen, flugFERTIGe Drachen,
kochFERTIGe Kartoffelklöße, FERTIGzement und andere FERTIGe Sachen
wie FERTIGreis, FERTIGsuppen und verschiedene FERTIGarzneimittel-Proben.
Die falsch dosiert in seinem Magen toben!

FERTIGungsmechaniker Ralph

Ralph ernährt sich von FERTIGgetränken und FERTIGkost, trägt handgeFERTIGte Schuhe und maßgeFERTIGte Anzüge; Post
mit Rechnungen verbrennt er eilFERTIG im FERTIGteilhaus im FERTIGkamin, wobei eine FERTIGungsingenieurin gerechtFERTIGt Applaus
spendet. FriedFERTIG bringt FERTIGungsingenieurin Sabine
den Überweisungsbeleg von der FERTIGduschkabine unFERTIG ausgefüllt zur Bank und bestellt gleich leichtFERTIG FERTIGlasagne, einen FERTIGpool und einen FERTIGteich.
Bis die FERTIGkuchen FERTIGwerden, vernichten beide viele
AusFERTIGungen von Mahnungen und buchen entfernte Reiseziele
von der kleinen, nahegelegenen betriebsFERTIGen Flughafen-AbFERTIGungshalle
aus. FERTIGsalat, FERTIGcocktails und FERTIGwaffeln sind alle.

FESTzeltbetreiber Augustinus

FESTzeltbetreiber Augustinus beobachtet den
FESTangestellten Neffen Peter,
der vor FESTlichkeiten im FESTsaal mehrere FESTmeter
Holz, tiefgefrorene FESTgänse, FESTdirndln, FESTplatten
und wertvolle
FESTjuwelen klaut. Während ein FESTredner eine tolle
FESTrede hält, fährt Peter über unbeFESTigte Waldwege.
FESTgäste sprechen beim FESTessen über die Pflege
von FESTlichen Blusen und FESTzementierten Zahnspangen,
als Peters FESTgezurrte alte Dachgurte anfangen,
sich zu lockern. Zwei FESTdamen mit FESTfrisuren
tanzen in FESTdamenkleidern, während in Peters Fahrspuren
wasserFESTe Diebesgüter vom Autodach landen und
FESTfrieren!
TrinkFESTE FESTbesucher sitzen FESTlich gestimmt vor
FESTbieren.
Peter bleibt auf FESTen Straßen hinterm FESTspielhaus
ohne Benzinvorrat stehen. Sein Spiel ist aus.

FRAUENärztin Ines

FRAUenrechtlerinnen, BankkaufFRAUen,
FRAUenfußballerinnen, FRAUenmörder und
FRAUenmörderinnen tollen
um Ines herum, die selbst verschiedene FRAUenrollen
am FRAUentheater und in kitschigen FRAUenfilmen spielt.
Als FRAUenhandballerin mit FRAUenpower im
FRAUenmantel erzielt
Ines genauso viel Aufmerksamkeit wie als StaatsFRAU
im KauFRAUsch, die von ChefputzFRAUen, die bauernschlau
sind, bestohlen wird. Ines schließt
ihre FRAUenpraxis oft und genießt
stattdessen das Leben am FRAUentheater. Vor Schuhtruhen
spricht FRAUenärztin Ines im Theaterstück mit
FRAUenschuhen.
Dann bemerken zwei ZeitungsFRAUen, KamaraFRAUen und
BäckersFRAUen,
die FRAUenärztin und ArztFRAU Ines eigentlich vertrauen,
dass sie mit ihren FRAUenkleidern spricht.
Dies entgeht auch anderen FRAUen nicht,
und Ines wird aktuell im neuen FRAUenpsychatriezentrum
behandelt. Stellt EheFRAU Ines sich absichtlich dumm?

FUNKtechniker Burghart

FUNKtechniker Burghart tanzt als FUNKenmariechen vorm FUNKhaus!
Er trägt FUNKtionsunterwäsche, FUNKkopfhörer und eine FUNKmaus
auf dem Kopf. FUNKkameras, FUNKsteckdosen, FUNKarmbanduhren, FUNKgeräte, FUNKfernbedienungen und FUNKtionsunterhosen
liegen neben FUNKenschutzplatten, über die FUNKrauchmelder rollen,
während Burghart aus dem RundFUNKgebührenstaatsvertrag und FUNKprotokollen
vorliest! Mit FUNKelnden Augen lässt Burkhart schon wieder absichtlich das neongelbe, voll FUNKtionsfähige FUNKmikrofon
auf die FUNKboxen plumpsen. Eine RundFUNKmoderatorin fällt
über FUNKwanduhren, während Burghart verstümmelte FUNKsprüche erhält.
Später zeigt Burghart der RundFUNKmoderatorin das FUNKalphabet,
wozu er mit ihr ins RundFUNKstudio geht!

GÄSTEhausbesitzerin Gertrud

Im GÄSTEamt erhalten SommerGÄSTE GÄSTEanstecker,
GÄSTEgläser, GÄSTEpantoffeln und kleine GÄSTEwecker.
Über GÄSTEehrungen, GÄSTEbefragungen,
GÄSTEorientiertes Verhalten am Telefon,
GÄSTEinformationen, GÄSTEkarten und GÄSTEjournale
wurde Gertrud schon
hinlänglich informiert. In ihrem »GÄSTEhaus
GÄSTEresidenz«
sagt GÄSTEführer, Stammgast und GÄSTEbetreuer Lenz,
dass drei ihrer FerienGÄSTE GÄSTEhandtücher,
GÄSTEhausschuhe, GÄSTEseife, GÄSTEschlüssel und
GÄSTEbücher
mit Unterschriften prominenter GÄSTE und
GÄSTEmannschaften klauen.
GÄSTEhausbesitzerin Gertrud will ihren Augen nicht trauen:
Die FestGÄSTE vom GÄSTEzimmer acht
haben EhrenGÄSTE auf GÄSTEmatratzen umgebracht!

GARNhersteller Gerhart und LAWINEnhundeführerin Ludwiga

GARNhersteller Gerharts und LAWINEnhundeführerin
Luwigas Hotel GARNi
liegt vor LAWINEnverbauungen, BlechLAWINEn und der
LAWINEngalerie.
Der Koch aus UnGARN gibt LAWINEnkurse,
LAWINEnkunde
und Kochkurse für GARNelenliebhaber. Die dicken
LAWINEnhunde
»SchLAWINEr« und »SeemannsGARN« fressen
GARNelenpaste und zwängen
sich hinter die LAWINEnsichere WohnzimmerGARNitur bei
LAWINEnabgängen
im LAWINEngefährdeten Gebiet draußen. Ludwiga verkauft
GARNrollen,
LAWINEnausrüstung, GARNgefärbte Stoffe, mit
Puderzucker GARNierte Stollen,
GARNboxen, WäscheGARNituren, GARNelensalat mit
Mayonnaise und GARNelenschrot,
während Gerhart zwischen SitzGARNituren und
LAWINEnortungsgeräten Brot
mit GARNelenpaste und GARNelenspieße im
»GARNelenstüberl« verschlingt.
Der Koch hört LAWINEnlageberichte vom
LAWINEnwarndienst, umringt
von »SeemannsGARN«, »SchLAWINEr« und seinem Freund
Hagen.
Ludwiga wird vorm Hotel von DachLAWINEn erschlagen!

GESCHÄFTsführerin Gabriele

GESCHÄFTsführerin Gabriele spricht auf einer
GESCHÄFTsreise GESCHÄFTstüchtig
ins GESCHÄFTshandy wegen AktienGESCHÄFTen und
GESCHÄFTseröffnungen. Flüchtig
sieht sie hinter GESCHÄFTswagen, zwischen ramponierten
GESCHÄFTstaschen,
GESCHÄFTsführenden Gesellschaftern, beschwipsten
GESCHÄFTskunden und leeren Flaschen
ein verwahrlostes Kätzchen GESCHÄFTig sein GESCHÄFT
verrichten.
Zwischen allen GESCHÄFTsmännern,
GESCHÄFTsnachfolgern, GelegenheitsGESCHÄFTen und
GESCHÄFTsberichten
entflieht Gabriele dem GESCHÄFTigen Treiben
und spürt das GESCHÄFTige Reiben
des Katzenkörpers an ihrer Brust vor EinkaufsGESCHÄFTen.
Neuerdings sitzt das Kätzchen auf GESCHÄFTsunterlagen,
GESCHÄFTsheften
und GESCHÄFTsbriefen bei GESCHÄFTsversammlungen,
GESCHÄFTsschluss und GESCHÄFTsessen.
Es heißt »GESCHÄFTsgebarden« und ist sehr verfressen!

GESICHTskosmetikerin Gesine

GESICHTskosmetikerin Gesine hatte als Kind
GESICHTszuckungen, GESICHTsausschläge und
GESICHTserkennungsschwäche. GESICHTsblind
und GESICHTsnarbig grüßt sie heute
beim GESICHTsyoga alle rotGESICHTigen Leute
mehrmals. GESICHTsmasken und
GESICHTsmassagebürsten verkauft sie schnell
und mit PokerGESICHT zwischen GESICHTsbehandlungen.
Als GESICHTsmodel
dient sie GESICHTsmalern und GESICHTsurnen mit
GESICHTsdarstellungen
verkauft sie beim GESICHTsjogging, wo auch gesungen
wird! Gesines Mann verdient prächtig mit
GESICHTschirurgie
und als engelsGESICHTiger GESICHTerleser schafft er's
irgendwie,
AllerweltsGESICHTer und VollmondGESICHTer ins
Staunen zu bringen!
Beide lieben GESICHTsliftings, Geld und das Singen.

GEWALTpräventionstrainerin Gina

Gina schickt ehemalige GEWALTtäter, GEWALTig große Polizisten
und GEWALTbereite Jugendliche auf GEWALTmärsche mit Bierkisten,
GEWALTfrei erzogenen Kampfhunden und Polizeipferden.
WortGEWALTige Schauspielerinnen
zeigen, als GEWALTherrscherinnen verkleidet,
GEWALTausbrüche und gewinnen
GEWALTige Sympathien. Sie spielen VerGEWALTiger und GEWALTverbrecher
vor GEWALTverherrlichenden Computerspielen und bauen absichtlich Versprecher
in Texte über GEWALTdelikte, WaffenGEWALT und GEWALTspiralen
ein. GEWALTpräventionstrainerin Gina lässt GEWALTopfer
NaturGEWALTen malen
und erklärt GEWALTformen, GEWALTarten und GEWALTursachen
so witzig, dass sie GEWALTIGes Lachen
erntet! Gina liebt genau diesen Lohn
von den Teilnehmern im Kurs GEWALTprävention.

GLOCKENgießer Gisbert

Gisbert verspeist GLOCKENäpfel und kriecht unterm GLOCKENturm
zwischen kaputten SchlammsaugGLOCKEN und GLOCKENblumengewächsen einem Wurm hinterher. Er trägt GLOCKENröcke unterm GLOCKENförmigen Umhang,
lacht GLOCKENhell und probt den GLOCKENreinen Gesang.
Neben rostigen GLOCKENpendeln probiert er ein GLOCKENkleid
und erlöst verletzte GLOCKENfrösche von ihrem Leid.
GLOCKENreben überwuchern einen zerbrochenen GLOCKENschlegel.
Gisbert stopft verrostete GLOCKENnägel, Blutegel, GLOCKENnaben und verwelkte GLOCKENblumen unter zwei große
KäseGLOCKEN. KirchenGLOCKEN läuten, als Gisbert eine Dose
Bier öffnet und Teile von TotenGLOCKEN erkennt!
Mit PorzellanGLOCKEN und dem historischen GLOCKENfund rennt
Gisbert zum GLOCKENbauer in der GLOCKENgießerei.
GLOCKENgießer Gisberts magere Jahre sind vorbei!

GRABsteinhersteller Jannik

Jannik hält GRABreden vor GRABsteinen
und den darunter verGRABenen Gebeinen.
Er stolpert über GRABblumen, GRABschmuck und
GRABkerzen
vor der GRABplatte mit den eingravierten Herzen,
als am geöffneten ReihenGRAB mehrere GRABwespen
vorbeischweben.
GRABsteinhersteller Jannik denkt an seine GRABungsfirma,
Leben
nach dem Tod, den frisch geGRABenen WasserGRABen,
den seine Pferde verweigern, und sieht Kolkraben
auf dem GRABkreuz vom nahen HügelGRAB sitzen.
GRABarbeiter und GRABräuber zucken bei Janniks spitzen
Schreien zusammen; er stürzt in den GRABschacht!
Ob GRABredner Jannik die Augen wieder aufmacht?

GRUBEnarbeiter Gunther

Nach GRUBEnunglücken und einem GRUBEnbrand transportiert GRUBEnarbeiter Gunther lieber GRUBEnsand, GRUBEnlehm und GRUBEnkies aus KiesGRUBEn von GRUBEnbetrieben
zu BauGRUBEn. Gegen GRUBEnschnaps hilft er Gelddieben beim Flüchten. KehlGRUBE, MagenGRUBE und seine rechte DarmbeinGRUBE schmerzen oft. Beim GRUBEnunternehmen herrscht schlechte
Sicht, und zwischen ErdGRUBEn und GRUBEnsee träumt GRUBEnmann Gunther vom GRUBEnpferd, das sich aufbäumt,
über GRUBEnvipern springt und durch GRUBEnfeuer, GRUBEnstollen,
KohlenGRUBEn und GRUBEnwasser galoppiert! Auf der vollen
Straße rammt Gunther mit GRUBEnsalz beladene Lastwagen, während ihn Schmerzattacken neben den AugenGRUBEn plagen!

ℋ

HANDELsvertreter Hanno

Die HANDELsgebäude von HANDELsvertreter Hannos GroßHANDELsunternehmen verscHANDELn die Landschaft. Eine HANDELsfachwirtin und Zahnärzte beHANDELn ihn unangemessen. OpiumHANDEL, MenschenHANDEL und BörsenHANDEL stressen ihn und EinzelHANDELskauffrauen und ein HANDELswirt erpressen Schweigegeld und verbrennen in seinen HANDELshöfen HANDELsware.
Beim AusHANDELn von HANDELsabkommen plagen ihn unklare Herzschmerzen. Bei einer HANDELsmesse erHANDELt er Bioresonanzgeräte mit HANDELektroden und fällt danach über Drähte beim AltwarenHANDEL vor dem HANDELshaus.
Er schreibt einige HANDELsjobs aus und besucht ein Fußballspiel mit AußenHANDELskaufmann Peter.
Er verstirbt an Herzversagen nach einem HANDELfmeter!

HASEnzüchter Hartmut

Im HASEnkostüm und mit StoffHASEn an HASEnleinen
zaubert HASEnzüchter Hartmut selbstgebastelte
HASElmäuse zwischen Geldscheinen
in HASEnshows hervor. Sein Schäferhund namens
»AngstHASE«
zerbiss HASEnohren und HASEnzaun in seiner
WachstumspHASE,
einige ZuchtHASEn im HASEngehege auf der HASEnwiese
und HASEnfutter und die HASEnrückenfilets von Lise,
Hartmuts Schwester. Vermutlich hatten die StallHASEn
HASEnpest
und HASEnschnupfen. »AngstHASE« gab ihnen den Rest!
Hartmut verkauft HASEnzubehör, HASEnwurst, unechte
HASEnzähne, HASEntränken
und HASElnussöl. Niemals würde er irgendwas verschenken!
Als Glücksbringer versteigert Hartmut HASEnpfoten
von seinen HASEnbabys. Den toten.

HEIZUNGsbauer Henning

HEIZUNGsbauer Henning kennt sämtliche HEIZUNGsarten und HEIZUNGsanlagen.
Als wandelnder HEIZUNGsratgeber liebt er HEIZUNGskreisläufe, HEIZUNGsfragen,
eine HEIZUNGsmonteurin, HackschnitzelHEIZUNGen, eine HEIZUNGsableserin, InfrarotHEIZUNGen, HEIZUNGsherde,
FlächenHEIZUNGen und Vierwege-HEIZUNGsmischer. Bei einer Beschwerde
wegen abgebrochenen HEIZUNGsschlüsseln und mehreren defekten HEIZUNGsrohren
hat Henning und seine HEIZUNGsinstallationsfirma Gerichtsprozesse verloren.
Die HEIZUNGsableserin und die HEIZUNGsmonteurin zerkleinern HEIZUNGsthermostate
mit HEIZUNGsgittern und mischen dies in Salate
für Henning; angemacht mit HEIZUNGslack und HEIZUNGswasser.
Bei einer HEIZUNGsüberprüfung wird Henning noch blasser, als der HEIZUNGskessel neben ihm unerwartet explodiert!
Wobei Henning HEIZUNGsmesser und sein Leben verliert.

HÖHEnbergsteiger Hubertus und PROGRAMMiererin Peggy

Hubertus bekommt bei seiner HÖHEntrekkingtour ein
HÖHEnödem,
einen HÖHEnkoller, chronische HÖHEnkrankheit und ein
Kälteekzem
am Auge. HÖHEnbergsteiger Hubertus bekommt
Schwindelgefühle
und HÖHEnangst, wenn er HÖHEre Stühle
hinterm HÖHEnverstellbaren Schreibtisch besteigt, um
gedruckte PROGRAMMlisten
und HÖHEnkarten innerhalb von Peggys gesetzten Zeitfristen
zu suchen. PROGRAMMiererin Peggy gibt
ganztags PROGRAMMierkurse, entwickelt
FehlerkorrekturPROGRAMMe, liebt
TextPROGRAMMe, PROGRAMMorientierte
Dispositionsverfahren, FeinwaschPROGRAMMe,
PROGRAMMwahlschalter, HÖHEnbergsteiger
Hubertus, einen PROGRAMMleiter und einen Geiger.
Während Hubertus vor PROGRAMMheften und
KabarettPROGRAMMen döst
und von HÖHEnbewohnerinnen auf AnHÖHEn träumt,
entblößt
Peggy sich auf einem HÖHEnwanderweg
beim HÖHEncamping neben einem Steg
für einen PROGRAMMdirektor, wobei sie
PROGRAMMmusik singt;
bis der eifersüchtige PROGRAMMleiter sie hinterrücks
umbringt.

HÖHLEnforscherin Hanna

HÖHLEnforscherin Hanna liegt im HÖHLEnoverall mit tiefen
AugenHÖHLEn, NasennebenHÖHLEnvereiterung,
StirnHÖHLEnkatarrh, BauchHÖHLEentzündung und vielen schiefen
Zähnen in der MundHÖHLE neben HÖHLEntauchern,
HÖHLEnpflanzen
und HÖHLEnspinnen in der TropfsteinHÖHLE. Den ganzen
Rummel um ihre Person versteht sie nicht.
Nach HÖHLEnunfällen liegt ein zweites HÖHLEnopfer dicht
neben Hannas stinkenden AchselHÖHLEn. Ausgehöhlte tote
HÖHLEnfische
und HÖHLEnlaubfrösche liegen neben HÖHLEnlampen, und frische
Luft wird knapp! Hanna träumt vom HÖHLEnhotel,
HÖHLEnmenschen und malaiischen HÖHLEnnattern und
vernimmt Hundegebell.
Der HÖHLEneingang ist verschüttet. Ein HÖHLEnretter naht,
futtert HÖHLEnkäse und probt wiederholt einen Spagat.

HOLZhändler ScHOLZ und HOLZfäller HOLZmann

HOLZhändler ScHOLZ schläft im VollHOLZbett im HOLZunterstand
neben HOLZvollerntern, HOLZgreifern un HOLZzangen.
Eine HOLZwand
vom Gasthof HOLZwirt nebenan, die HOLZfäller HOLZmann
mitsamt HOLZrückepferden erbte, hat HOLZwurmbefall.
HOLZmann kann
HOLZquerflöte spielen, HOLZspielzeug aus HOLZrohlingen schnitzen
und verkauft Ausritte auf HOLZrückepferden,
HOLZofenpizzen,
HOLZfiguren und HOLZfällerhemden. HOLZhändler ScHOLZ
ist auf seine BrennHOLZspalter stolz
und hat Angst vor HOLZrückepferden beim HOLZrücken,
wobei er sie mit HOLZbriketts, BauHOLZ, HOLZstücken,
HOLZdübeln und HOLZabfall vom RundHOLZstapel aus attackiert.
Ein HOLZrückepferd durchbricht den HOLZzaun und galoppiert
erbost in Richtung seines RundHOLZstapels neben HOLZplatten
beim HOLZstall! HOLZhändler ScHOLZ stürzt auf HOLZlatten.

HORNistin Claudia und ScHORNsteinfeger Gangolf

ScHORNsteinfeger Gangolf ist aus Angst vor
HORNissenstichen
HORNissenschwärmen aus HORNissennestern bei der
ScHORNsteinsanierung ausgewichen.
Mit ScHORNsteingittern und HORNbrille in der Hand
fällt er vom ScHORNsteingerüst bei einem
ScHORNsteinbrand
und landet auf AHORNblättern, HORNveilchen und
HORNklee.
HORNistin Claudia bringt Gangolf HORNhauthobel und
Kamillentee
ans Bett, schiebt ScHORNsteinverlängerungen und
ScHORNsteinbesen darunter,
bestellt HORNlautsprecher und HORNtrompeten und bläst
munter
ins AlpHORN und ins JagdHORN. Draußen tutet
ein MartinsHORN. Gangolfs HORNhaut blutet. Völlig
unvermutet
blutet Claudia unter ihrer HORNförmig aufgebogenen
Brokatmütze!
Gangolf rührt mit ScHORNsteinrohren in der Blutpfütze.

HUFschmied Hubert

HUFschmied Hubert kennt Leute, die HUFtiere besitzen,
welche mit rosa HUFglocken über den HUFspitzen
und HUFschuhen darunter sämtliche HUFschlagfiguren
verweigern und dabei seltsame HUFspuren
hinterlassen. Hubert liebt HUFlattichtee, HUFgeklapper, zwei
HUFheilpraktikerinnen,
eine HUFphysiologin und einen HUFpfleger. Vor Spinnen
hat er eine Heidenangst! Hubert diagnostiziert
HUFkrankheiten
und erklärt einer hübschen HUForthopädin das Reiten,
als er einen Weberknecht zwischen HUFnägeln,
HUFschneidezangen,
HUFhobeln und HUFeisen erblickt. Durch seinen langen
Entsetzensschrei erschrickt ein beHUFter Vierbeiner mit
HUFgeschwüren.
Hubert bekommt einen kräftigen HUFhieb zu spüren!

9

IMMOBILIENmakler Kai

IMMOBILIENkundinnen, IMMOBILIENverkäuferinnen und
IMMOBILIENjuristinnen nennen IMMOBILIENmakler Kai
bei IMMOBILIENbesichtigungen, IMMOBILIENankäufen,
IMMOBILIENversteigerungen und IMMOBILIENverkäufen
»IMMOBILIENhai«.
Eine IMMOBILIENfachwirtin will ihn necken
und schenkt ihm fürs Haifischbecken
in Florida einen Tauchgang. Zwischen zwei
IMMOBILIENgutachten
und drei IMMOBILIENauktionen fliegt Kai am achten
November los und erzählt Familien
im Flieger von IMMOBILIENwerten,
AuslandsIMMOBILIEN,
IMMOBILIENwirtschaftslehre, dem IMMOBILIENindex und
IMMOBILIENpreisen.
Kai hat Angst bei Flugreisen.
Er spricht von seinen steigenden IMMOBILIENumsätzen,
als das Flugzeug zu aller Entsetzen
plötzlich absackt! Es klingt wie ein Witz:
Der Flugzeugabsturz geschieht über IMMOBILIENmakler
Kais IMMOBILIENbesitz.

JUGENDforscher Jockel

Jockel dreht einen JUGENDfreien Film im
JUGENDgefängnis.
Über JUGENDpsychiaterinnen, denen der JUGENDwahn
zum Verhängnis
wurde, schreibt er ein JUGENDbuch mit lauter
JUGENDwörtern. Im JUGENDcafe kommt einem
JUGENDherbergsleiter unverdauter
Kuchen hoch, weil JUGENDforscher Jockel über
JUGENDjustizanstalten
und JUGENDliteraturpreise im JUGENDjargon spricht. Im alten
JUGENDstilbad trainiert Jockel mit JUGENDlichen der
HandwerkerJUGEND,
des JUGENDchors und der JUGENDfeuerwehr.»JUGEND,
Tugend
und JUGENDsexualität« heißt Jockels Vortragstitel. In
JUGENDverkehrsschulen
referiert er vom JUGENDdrehstuhl aus vor schwulen
JUGENDgerichtshelfern und JUGENDvertretern, als er seine
große
JUGENDliebe plötzlich erblickt! Jockel stürzt ins Bodenlose.

KÄLTEanlagenbauerin Katrin und HUMORist Hugo

KÄLTEanlagenbauerin Katrin erKÄLTEt sich beim großen KÄLTEeinbruch.
HUMORist Hugo trägt ihr einen HUMORvollen Spruch vor und schenkt ihr KÄLTEbeständige Batterien, KÄLTEwesten,
HUMORseminare, KÄLTEcreme und zwei von den KÄLTEfesten
Engergiesparlampen. Beim HUMORtraining lernt Katrin HUMORstile,
GalgenHUMOR, HUMORresistente Teilnehmer, HUMORforscher und viele
HUMORtherapeuten kennen. Katrin schenkt Hugo ein KÄLTEmittel
zum Geburtstag und liest ihm ein Kapitel
aus ihrem HUMORtagebuch vor. Bei einer KÄLTEtherapie während einer KÄLTEwelle bekommen beide eine KÄLTEallergie!
Beide streiten heftig über einen historischen KÄLTErekord.
Während ihres gemeinsamen KÄLTEbades geschieht ein Mord.

KAMINkehrer Moritz

Moritz verkauft im KAMINzimmer in der KAMINecke
für seinen Freund, einen KAMINbauer, KAMINgitter,
KAMINbestecke
und billige KAMINbausätze, die bei brennendem KAMINfeuer
starken Chemiegeruch entwickeln. KAMINkehrer Moritz
organisiert teuer
den KAMINumbau, verkauft dabei KAMINholzregale
und empfiehlt kostenpflichtig die ideale
Lage von KAMINholzkörben, KAMINzubehör,
KAMINlichtern und KAMINzangen.
Bei der KAMINreinigung bekommt er rote Wangen
und kramt seine WecKAMINE hervor,
bevor er einen lauten KAMINventilator
einbaut. Moritz schaut, dass der Kunde KAMINkehrergeld
bezahlt und KAMINsanierungen, KAMINwurzen und
KAMINverlängerungen bestellt!

KAMPFrichter Kornelius

KAMPFrichter Kornelius macht seinen KAMPFlustigen
KAMPFhunden KAMPFansagen,
während er KAMPFsport kommentiert! Heftige
Rückenschmerzen plagen
ihn, seit bei einem DressurwettKAMPF ein KAMPFbereiter
KAMPFpilot mit einem KAMPFmesser auf den
WettKAMPFleiter
losging. Kornelius stand beim NahKAMPF zufälligerweise
daneben.
Beim folgenden FaustKAMPF verloren KAMPFsportler ihr
Leben
und KAMPFschuhe! All die KAMPFbereiten Typen befanden
sich mit KAMPFwaffen im Publikum. – Plötzlich landen
KAMPFhubschrauber neben der WettKAMPFstätte, wegen
schlechter Sicht,
während Kornelius neben einer KAMPFdrohne
KAMPFertabletten erbricht.
Kornelius hat KAMPFgeist und hält sein KAMPFgewicht.
Er liebt den MachtKAMPF; KAMPFspiele aber nicht.

KARRIEREberater Kaspar und EDELkatzenzücherin EDELgard

Kaspar filmt EDELgards EDELkatzen, die StaubwEDEL anstarren,
vor den EDELfischen und dem EDELpapagei verharren
und an EDELnelken, EDELnussmischungen, EDELpilzkäse und EDELrosen
schnuppern. Er öffnet EDELliköre neben der großen EDELdistel, während EDELkatzenzüchterin EDELgard seine KARRIEREgespräche übernimmt!
Zwischen EDELgards EDELpelz, KARRIEREhandbüchern und KARRIEREvideos glimmt
Kaspars edle Zigarre. Er denkt an KARRIEREmessen, KARRIEREschädigende Fakten, seine BlitzKARRIERE und ans Essen
beim EDELitaliener, das er mittwochs für KARRIEREfrauen organisiert. In EDELjeans stirbt Kaspar im Morgengrauen beim Wohnungsbrand neben EDELbränden, toten EDELkatzen, EDELsteinen
und seinen KARRIEREoptionen zwischen Listen mit EDELweinen.

KÄSEfachverkäuferin Maja

Hinter der KÄSEtheke schreibt Maja witzige Sprüche
über KÄSEdiäten, HandKÄSE, FußKÄSE und ausströmende
KÄSEgerüche
aufs KÄSEpapier. Sie singt über die KÄSEglocken
und KÄSEfüße vom KÄSEfachmann in KÄSElnden Socken.
Ein KÄSEkunde kauft KÄSEräder, KÄSEklöße, KÄSEchips,
KÄSEersatz
und SchimmelKÄSE und filmt Maja am Arbeitsplatz.
Eine BergKÄSErei verziert die KÄSEverpackungen von
KÄSEecken
und KÄSEspatzen mit Bildern von der kecken
KÄSEfachverkäuferin vor einem DreiKÄSEhoch und einem
KÄSEzopf
mit KÄSEplatten samt KÄSElaiben auf dem Kopf!
Maja wirbt für KÄSEhobel, KÄSEmesser und KÄSEreiben.
Dann lässt KÄSEfachverkäuferin Maja das Arbeiten bleiben.

KOSTenrechnerin Kordula

Kordula versendet ZusatzKOSTenrechnungen für MaterialKOSTen fürs Malen von KOSTendiagrammen, Speiseplänen von KantinenKOST und KOSTenspiralen. Mit KOSTenausgleichsvereinbarungen, BioKOST, der KOSTenweiterbelastung im Konzern, KOSTspieligen Hobbys und KOSTenumlagen jongliert Kordula gern! Kordula ersteht ein Parkwächterinnen-FaschingsKOSTüm im KOSTümverleih neben dem FeinKOSTladen. Ein Anwalt alarmiert die Polizei, als Kordula auf ParkKOSTen und InkassoKOSTen hinweist! Zur KOSTenreduzierung der MietKOSTen und AnwaltsKOSTen verreist Kordula unbekannt. Sie spielt ein KOSTenloses Computerspiel, arbeitet gegen KOST und Logis am Reiseziel und benötigt für KOSTenintensive Zahnbehandlungen KOSTbare Zeit. Bei BettelmannsKOST tut KOSTenrechnerin Kordula sich leid!

KREISbrandmeister Franz

KREISbrandmeister Franz schult beim KREISjugendring, im
KREISorchester,
in GesprächsKREISen und im BekanntenKREIS seiner
Schwester
KREIStänze, FußKREISen und einen Tanz
mit dem FußKREISel, den Franz
selbst choreographiert hat! Ein alter
KREISbrandrat mit KREISlaufproblemen namens Walter
sperrt vor der KREISklinik im LandKREIS WendeKREISe
und KREISverkehre vorm KREISwehrersatzamt und vergibt
Sachpreise
und KREISpokale für den KREIStanz um KREISrunde
Steine. Franz filmt den TanzKREIS eine Stunde
lang, und Reporter von KREISzeitungen umKREISEn
KREIStänzerinnen.
KREISbrandmeister Franz kann Dutzende neue KREIStänzer
dazugewinnen.

KRIMIautorin Kriemhilde

Kriemhilde darf im KRIMInalmuseum und auf
KRIMInalwachen
KRIMIdinners und KRIMImarathons veranstalten und
KRIMIlesungen machen.
KRIMIautorin Kriemhilde ist die Tochter einer KRIMInologin
und eines LandesKRIMInaldirektors und eine erfolglose
KRIMInalpsychologin.
Mit piepsender Stimme liest sie in KRIMInaldienststellen,
KRIMIbuchhandlungen und KRIMIvereinen aus ihren
überkomplizierten KRIMInalfällen
vor. Kriemhildes Vater macht einem KRIMIverlag
eine Schenkung für Kriemhildes KRIMIserie, Autorenvertrag,
KRIMIdinners, KRIMIwanderungen, KRIMIverfilmungen
und KRIMIspiele
im KRIMIkeller, wozu er viele
KRIMInalpolizisten, KRIMInalkommissaranwärter und
KRIMInalbiologinnen einlädt und beschenkt.
Eine KRIMInalrätin ohne jeglichen KRIMInalistischen
Spürsinn erhängt
sich in Kriemhildes neuestem PolitKRIMI. Zwei
ComputerKRIMInelle
gründen mit KRIMInaltechnikern und KleinKRIMInellen eine
Tanzkapelle
in ihrer KRIMInalgeschichte; ausgerechnet im
KRIMInalfachdezernat zwei!
Der LandesKRIMInaldirektor hält Kriemhilde den Rücken
frei.

LAUTenbauer Luis

Luis testet LAUTschnaufend LanghalsLAUTen und hört LAUT,
vorn im LAUTenladen, mittelalterliche LAUTenmusik. Derweil kLAUT
Susi LAUTerbach mit ihrem Komplizen Peter LAUTenschlag,
den sie während LAUTstarken DonnerLAUTen in Prag
kennengelernt hat, BarockLAUTen, LAUTstärkenmesser und
ein LAUTenklavier,
das sie unter halbLAUTen SchmerzensLAUTen mit vier
LAUTsprecherkabeln und Schafsdarm-LAUTensaiten auf dem Autodach
befestigt. Luis gähnt LAUThals, während Susi LAUTerbach
und Peter LAUTenschlag SirenenLAUTe vernehmen! Volle Kanne
landen Autoinsassen samt LAUTen in einer BLAUTanne.
Entgegen andersLAUTenden Berichten zieht
Polizeiwachtmeister LAUTerbeck
den gekLAUTen Karren aus dem Dreck.
Aus LAUTer Dankbarkeit organisiert Luis ein
LAUTenkonzert
für Polizeiwachtmeister LAUTerbeck! Der fühlt sich geehrt.

LEDERwarengeschäftsinhaber Lennart

LEDERwarengeschäftsinhaber Lennarts Kater namens
»FLEDERmaus«
tobt mit dem Zwergpinscher »Klaus«
an der LEDERleine über LEDERunterhosen,
LEDERstiefel und LEDERsättel im großen
LEDERbett in Lennarts LEDERwarengeschäft! Für
LEDERne Hochzeiten
empfiehlt Lennart LEDERne Platzdeckchen,
LEDERherzchen, seine breiten
LEDERnen Serviettenringe, LEDERarmbänder und
LEDERgeldbeutel mit LEDERflicken.
Neuerdings ist er als Eventmanager mit schicken
Limousinen inklusive WagenverdeckLEDER und
LEDERsitzen
buchbar; »FLEDERmaus« und »Klaus« flitzen
im Wageninneren über die LEDERausstattung,
LEDERschuhe, LEDERjacken
und LEDERleggings hinter Lennarts LEDERhaut am Nacken.
Lennart liebt es, mit seinen Tieren vorzufahren!
Gleichzeitig macht er Werbung für seine LEDERwaren.

LEIBwächterin Molly

Molly trägt ein rehbraunes SportLEIBchen, ist beLEIBt
und wegen plötzlichen Schmerzen im UnterLEIB bLEIBt
sie bei der LEIBesertüchtigung mit dem LEIBkoch,
LEIBdienern und dem LEIBjäger zwischen einem Erdloch
und verwesenden TierLEIBen im Wald schnaufend stehen.
LEIBärzte, ein LEIBdiener und ihr Arbeitgeber drehen
in übergroßer LEIBwäsche und mit LEIBwärmern
Laufrunden.
Alle wollen aus LEIBeskräften ihren angefutterten Pfunden
zu LEIBe rücken! Molly denkt an MenschenLEIBer,
ihre schmuddelige LEIBbinde, den beLEIBten, netten
Geschichtenschreiber
und dass sie ihren AstralLEIB stärken will!
Da erschießt sie der LEIBhaftige LEIBjäger Bill
mit Schüssen in den OberLEIB bei LEIBesübungen!
Bill hasst DickLEIBigkeit und leidet an Linsentrübungen.

LICHTgestalterin Helena

LICHTgestalterin Helena repariert einem SchLICHTer auf einer WaldLICHTung LICHTorgeln, BlinkLICHTer, die LICHTmaschine, LICHTerketten und ein LICHTmikroskop.
Bei MondLICHT versenken beide im Feuchtbiotop LICHTgraue Innentüren, LICHTundurchlässige Vorhänge, überbeLICHTete
LICHTbilder, einen TagesLICHTprojektor und beschichtete Spanplatten, Hosen und Pfannen.
Unter zwei hohen Tannen
entzündet Helena Kerzen in WindLICHTern vorm RückLICHT
des Autos. Der SchLICHTer referiert über AmtspfLICHT, LICHTchecks, zwieLICHTige PfLICHTverteidiger und UnfallhaftpfLICHT bei Verkehrsunfällen,
als über den WindLICHTern plötzlich Flammen hochschnellen!
In LICHTgeschwindigkeit naht die Feuerwehr mit BlauLICHT.
LICHTdesignerin Helena ist ansprechbar. Der SchLICHTer nicht.

LIFTanlagenbauer Lorenz und ZEICHENlehrerin Valentina

Valentina gibt ZEICHENschülern ZEICHENkurse an ihrer ZEICHENakademie.
Lorenz fährt mit LIFTbetreibern und LIFTpersonal Ski und montiert PfeilZEICHEN, LIFTstüberl, LawinenZEICHEN und WarnZEICHEN neben LIFTstationen, ZubringerLIFTen und LIFTspuren.
Beim Überreichen von ZEICHENdiplomen verspürt Valentina AnZEICHEN von Kopweh,
während LIFTanlagenbauer Lorenz hinterm SesselLIFT im Schnee
ein LIFTseil übersieht und ins LIFThaus kracht.
Zeitgleich überkommt ZEICHENlehrerin Valentina eine plötzliche Ohnmacht.
Ein LIFTjunge findet Lorenz hinter der LIFTstation unter StoppZEICHEN. Bei ZEICHENlehrerin Valentina sind schon
keine VitalZEICHEN mehr vorhanden! Mehrere große LIFThersteller
übernehmen sämtliche LIFTanlagen. Lorenz liegt im Leichenkeller.
Er wollte Valentina ein LIFTing und LIFTkarten schenken; mit seinem NamensZEICHEN. Für unzählige LIFTfahrten.

M

MASCHINEnbauingenieurin Magda

MASCHINEnbauingenieurin Magda hasst laute BauMASCHINEn und LaubsaugMASCHINEn.
Sie streitet mit MASCHINEntechnikern nebenan; die bedienen SchlagbohrMASCHINEn, FräsMASCHINEn und BallwurfMASCHINEn in den Wohnräumen!
DüngeMASCHINEn, MASCHINEnuntergestelle und BaumfällMASCHINEn parken neben Bäumen.
Vorm MASCHINEnmuseum treibt MASCHINEnöl im Bach.
In MASCHINEnhallen machen LandMASCHINEn ordentlich Krach.
Als Magdas WaschMASCHINE und die KaffeeMASCHINE streiken, fliegt sie mit MASCHINEntechnikerin Pauline, einem LandMASCHINEnmechaniker und zwei MASCHINEnherstellern,
die sich prompt mit Baumfällern
streiten, in einer UnglücksMASCHINE in Richtung Malediven.
Mit MASCHINEnteilen landet Magda in den Meeresuntiefen!

MASSEur Mario

Nach einer MASSEnpanik bei einer MASSEnveranstaltung
rammt MASSEur Mario mit MASSEnhaft Schwung
den Maserati eines MASSEnmörders bei der
MASSEnkarambolage.
Zwischen MenschenMASSEn gerät ein MASSEntierhalter in
Rage,
bis er in WurstMASSE, TeigMASSE und KakaoMASSE
aus demolierten Lastkraftwagen ausrutscht. Mitarbeiter einer
Krankenkasse
schneiden nach dem MASSEnunfall GriMASSEn,
empören sich über MASSEentlassungen, befassen
sich mit MASSEnschlägereien und reden über
MASSEnquartiere.
Ein Lastkraftwagenfahrer vermisst nach dem MASSEncrash
Papiere,
FugendichtungsMASSE und ModellierMASSE. Unter dichten
WolkenMASSEn macht
er sich vom Acker. Ein MASSEnvergewaltiger lacht.

MATERIALverwalter Justus

Justus erfindet für WerbeMATERIAL und
VerpackungsMATERIAL MATERIALposten,
für die er auf MATERIALrechungen ungerechtfertigterweise
MATERIALkosten
verlangt. Er bringt UnterrichtsMATERIAL in hölzernen
MATERIALkisten
zu Schulen und berechnet SchreibMATERIAL auf
MATERIALlisten,
das nicht existiert. Er übernimmt einen MATERIALtransport
für TestMATERIAL, VerbandsMATERIAL und
LehrMATERIAL im Motorradsport
und verkauft selbst angefertigtes BildMATERIAL,
TextMATERIAL, VideoMATERIAL
und ReparaturMATERIAL sowie BefestigungsMATERIAL
aus robustem Edelstahl
teuer. Beim BrennMATERIALtest vor der Feuerwehr
verbrennt MATERIALverwalter Justus sich sehr schwer.
Er bekommt FremdMATERIAL und NahtMATERIAL bei
Operationen
und darf ein Krankenzimmer mit
MATERIALwissenschaftlerinnen bewohnen!

MÄNNER

Während zwei EheMÄNNER mit MÄNNERgrippe und MÄNNERschnupfen
mit FeuerwehrMÄNNERn vorm MÄNNERshop ein Hühnchen rupfen,
unterhalten sich die MÄNNERliebenden FrontMÄNNER des MÄNNERquintetts
mit MüllMÄNNERn über die Komik des MÄNNERballetts.
Die HausMÄNNER und die StaatsMÄNNER im MÄNNERladen
kaufen MÄNNERgeschenke, wobei MÄNNERhosen die dürren MÄNNERwaden
umhüllen. Bei MÄNNERgesprächen über MÄNNERhandtaschen
öffnen EhrenMÄNNER und MittelsMÄNNER Parfümflaschen
mit MÄNNERdüften, MÄNNERkochbücher und MÄNNERhemden am MÄNNERstammtisch.
Da den MÄNNERn vom MÄNNERkochclub vom Gemisch der MÄNNERgerichte schlecht wird, endet der MÄNNERausflug
am MÄNNERwochenende in den MÄNNERtoiletten vom Dorfkrug.

MESSERwerfer Ronald

Ronald verkauft WurfMESSER und zwei Anleitungen zum MESSERwerfen. Die MESSERstecherei vorm MESSERladen verfolgt er live. Bei MESSERattacken mit SchlachterMESSERn sträuben sich in seinem Nacken die Haare. Er schärft von BrotMESSERn MESSERklingen und will Zeit mit einer LandverMESSERin verbringen. Neben WindgeschwindigkeitsMESSERn und MESSERwalzen auf einem Feld
bettelt ein Landstreicher mit BuschMESSER um Geld! Ronald schenkt ihm BelichtungsMESSER, MESSERtaschen, MESSERrohlinge, MESSERschärfer und zwei Flaschen Messwein, die sich in Ronalds MESSERkoffer befinden. Ronald mag auf Veranstaltungen mit MESSERverbot verschwinden!

MOTIVationstrainerin Mona

Mona singt überMOTIViert zu MOTIVationsmusik, verlost MOTIVhandtücher
mit MOTIVationssprüchen, MOTIVkuchen, MOTIVationsvideos und handsignierte MOTIVationshandbücher
im MOTIVationsseminar. Sie setzt eine MOTIVbackform auf und liest ihre MOTIVationsgeschichte »Shitstorm« absichtlich unMOTIViert vor. In der »langen MOTIVationsnacht«
tritt sie mit hochMOTIVierten MOTIVationsrednern zur MOTIVtortenschlacht
an. Ein deMOTIVierter MOTIVationscoach wirft plötzlich MOTIVfliesen,
MOTIVflaschen, Zaunlatten eines MOTIVzauns und einen riesen
MOTIVbriefkasten in die Menschenmenge. Völlig unvorbereitet
stolpert Mona über MOTIVblöcke und gleitet unglücklich auf MOTIVationskarten, MOTIVfolie, MOTIVservietten und MOTIVpapier
aus. Das TatMOTIV ist unbekannt! Ganze vier Stunden ist die MOTIVationstrainerin Mona völlig bewusstlos!
Das MOTIVationsloch eines bestimmten MOTIVationsforschers ist groß.

OFENbauer Niklas

OFENbauer Niklas verkauft den letzten ÖlOFEN. Der OFENexperte schimpft auf die doOFEN OFENdiscounter und OFENoutlets, die sämtliche OFENarten anbieten. Zwei OFENdesignerinnen, drei OFENverkäuferinnen und er mieten eine alte OFENfabrik, wo sie OFENfrikadellen, OFENfrische Backwaren auf OFENkacheln, OFENkäse, OFENforellen, OFENpizzen, OFENzangen, OFENpfannkuchen, OFENlampen, OFENfertiges Brennholz und bunte, kleine OFENrohre verkaufen. Stolz weihen sie neben OFENsteinen ihre Kleinkunstbühne »OFENfeuer« ein, auf der OFENmacherinnen über die Gassteuer, den MüllverbrennungsOFEN nebenan und übergroße OFENlöcher diskutieren. Wobei völlig ungeplant zwei dicke BackOFENscheiben explodieren!

OPERnsängerin Gloria

Gloria singt OPERnsologesänge für den
OPERationstechnischen Assistenten,
nachdem sie von OPERnreisen mit dem OPERndirigenten
zurückkehrte. Nach einer langen OPERnnacht
gesteht sie dem OERndirektor acht
Mal ihre Liebe, bevor der OPERationsgehilfe vorfährt
und ihr OPERationsarten, OPERationsprotokolle und
OPERationsinstrumente erklärt.
Ein Bratschist mit OPERationsnarben aus dem
OPERnorchester
ist neben dem OPERationsarzt auch ein fester
Bestandteil in Glorias Leben. Der OPERateur OPERiert
Gloria bei SchönheitsOPERationen, wobei ein
OPERationsfehler passiert.
Laut OPERationsbericht testete der OPERationsroboter neue
OPERationsmesser.
Vor den KosmetikOPERationen ging's OPERNsängerin
Gloria besser!

ORGANistin Ortrun

ORGANistin Ortrun hat eine ORGANneurose
und Angst vor ORGANräubern, Mukoviszidose,
ORGANisierter Kriminalität und vor ORGANversagen.
VerdauungsORGANe, StimmORGAN und ihr Magen
machen Probleme; besonders vor Auftritten vor
ORGANisatoren,
ORGANgesellschaften, BundesORGANen,
SchutzORGANisationen und ORGANträgern. Ortruns Ohren,
ihr RiechORGAN und BewegungsORGANe schmerzen,
und leichte Stiche im Herzen
verspürt sie auch. Sie träumt von ORGANellen
in den Zellen, von ORGANen, die anschwellen,
ORGANtransplantationen, Schadstoffen im ORGANismus und
von ORGANfett.
Während des TraumvORGANgs stirbt Ortrun im Bett!

PATEr Traugott

PATEr Traugott macht mit seinen PATEnkindern
PATErnosterfahrten.
Er sammelt SPATEngriffe und SPATEnschaufeln im Garten.
Seit seinem Sturz über SPATEnstiele
liest er einer PATEntreferentin viele
Bücher über das PATEntrecht, »Krankheiten im
PATEllofemeralbereich«,
PATEntgegenstände und PATEntrecherchen vor. Er fällt
gleich
zweimal vor PATEntanwältinnen vorm PATEntamt aufs
Gesicht
und schreibt über gesteigerte PATEllasehnenreflexe ein
Gedicht.
Traugott fachsimpelt über PATEllasehnenrupturen und
PATElladysplasie
und bezeichnet sich als PATEntes Genie.
Was die PATEntreferentin und der PATEnsohn ahnen:
PATEr und PATEntinhaber Traugott leidet an Wahnen!

PFLANZENcenter-Inhaber Paddy

PFLANZENcenter-Inhaber Paddy schreibt Bücher über
PFLANZENqualitäten,
die PFLANZENbestimmung von ZimmerPFLANZEN,
PFLANZENdrinks und PFLANZENraritäten.
In Talkshows spricht PFLANZENexperte Paddy über
IndustriePFLANZEN,
PFLANZENjoghurt, PFLANZENfresser und
PFLANZENkohle, und Dollarzeichen tanzen
dabei in seinen Augen! Über PFLANZENtechnologie,
PFLANZENschutzmittel
und PFLANZENgifte schreibt Paddy täglich mehrere Kapitel.
Er spricht leidenschaftlich über PFLANZENjauche und
PFLANzenzellen
und kann zig SchmarotzerPFLANZEN im PFLANZENkübel
vorstellen.
Paddy liest aus »Das FortPFLANZEN des Lichts«,
als ihn wie aus dem völligen Nichts
zwischen PFLANZENhockern und PFLANZENgittern ein
Herzinfarkt ereilt.
Die Meinung des Publikums war hinterher geteilt.

PLANungsbüroinhaber Philipp

PLANungsbüroinhaber Philipp erbt vom Onkel, einem KaPLAN,
PLANierraupen, einen MordPLAN, ZahnimPLANtate und den LagePLAN
von Goldbarren und Goldaktien, die unter PLANschbecken oder ZeltPLANen mitten in einer DattelPLANtage stecken.
AußerPLANmäßig koordiniert Philipp eine Suchaktion völlig PLANlos!
Außerdem erbt Philipp einen PLANwagen mit »Gernegroß«, dem Zugpferd. Unter PLANschbecken, PLANen und PLANsteinen
findet Philipp einen RachePLAN, einen BusinessPLAN, einen PLAN für einePLANinsolvenz, aber keine Spur
vom Gold! Eine StadtPLANungsbeamtin rät ihm, nur seinem Herzen zu folgen! Mit »Gernegroß«, PLANwagen und der StadtPLANungsbeamtin PLANt Philipp, einfach loszujagen!

PRESSEsprecher Sigmar

Hinter zwei ausgemusterten DruckPRESSEn und defekten
SaftPRESSEn
im PRESSEhaus wollen zwei ErPRESSEr Sigmar
erPRESSEn.
Der PRESSEreferent der Polizei lacht sich schief,
als ihm PRESSEsprecher Sigmar den stümperhaften
ErPRESSErbrief
zeigt! Nach PRESSEkonferenzen verschwindet Sigmar samt
PRESSEmappe
spurlos. Im PRESSEzentrum tauchen ErPRESSErschreiben
auf Pappe
mit Kopien von Sigmars PRESSEausweis und
PRESSEberichten
auf! Auf PRESSEgesprächen bei PRESSEunternehmen werden
Geschichten
von erPRESSErischem Menschenraub verbreitet. Hinterm
hohen PRESSEhaus
tauchen zwischen SchrottPRESSEn und ZyPRESSEn Sigmars
Stoffmaus
und uralte PRESSEtexte über PRESSEfreiheit und
PRESSErecht
auf. Neben BrikettPRESSEn wird zwei PRESSEwarten
schlecht;
sie finden KomPRESSEn, AdernPRESSEn und Sigmars
Großzehen!
PRESSEfotos und PRESSEartikel dokumentieren ein
grausiges Vergehen.

PUTZhilfe Paola und SCHROTThändler Schorsch

PUTZhilfe Paola hat einen gewaltigen PUTZfimmel, spezielle PUTZtipps und PUTZmittel gegen Schimmel, PUTZige Katzen und eine Aversion gegen Schmutz. Bei PUTZvorführungen haut sie auf den PUTZ! Sie kennt sich aus mit UnterPUTZdosen, PUTZarten und Schorschs SCHROTTcontainern und SCHROTTfahrzeugen im Garten. In PUTZkursen verPUTZt sie mit PUTZmännern Lachsstreifen und gibt FensterPUTZern, PUTZrobotern und SCHROTTimmobilienverkäufern PUTZseifen zum Testen. SCHROTThändler Schorsch fühlt sich vergessen und zeigt PUTZfrauen einer PUTZkolonne seine SCHROTTpressen und SCHROTTreife Autos ganz hinten am SCHROTTplatzgelände. Unterm StahlSCHROTT auf SCHROTTbergen liegen abgetrennte Frauenhände.

ROLLEnoffsetdruckerin Rolanda

Rolanda liebt ROLLEnmassagegeräte und ROLLEnvergaben fürTheaterROLLEn.
Bei DonnergROLLEn ROLLEn Felsen vor der tollen Filmkulisse, wo sie zwischen SprechROLLEn FrühlingsROLLEn verschlingt,
nach LernzielkontROLLEn mit ROLLErskates dahinrollt und singt:
»Ich zermalm' nach LebensmittelkontROLLEn auf der Alm mit gROLLEnden TROLLEn BiskuitROLLEn und einen Halm!«
Nach RückwärtsROLLEn neben MotorROLLErn, ROLLEnkoffern und ROLLEnetiketten
tanzt sie mit gROLLErfüllten TicketkontROLLEuren über ROLLEnbetten!
Rolanda wirft SahneROLLEn auf ROLLEnwagen, rezitiert ROLLEngedichte, und ContROLLEr jagen
sie auf TretROLLErn um NackenROLLEn, DruckROLLEnwalzen, ROLLEnwellpappen
und ROLLEngeld, wobei sie nach Luft schnappen.
Rolanda kündigt ihre ROLLE als ROLLEnoffsetdruckerin und ergattert eine TitelROLLE am Karrierebeginn!

RUNDfunkrat Ruben

Nach zwei RUNDflügen, BusRUNDfahrten und drei RUNDreisen
wird Ruben von RUNDbäuchigen Männern mit RUNDeisen
und RUNDstahlstangen in seiner RUNDdusche im RUNDbau
während eines RUNDgangs auf seinem GRUNDstück genau
um 07:02 Uhr niedergeschlagen. Mit RUNDnadeln,
RUNDpinselstielen
und RUNDbürsten wird Ruben gepiesackt; die vielen
kreisRUNDen Wunden beschmieren die Männer mit
SchRUNDensalbe
und MalgRUNDierung aus eiRUNDen Eimern. Das halbe
RUNDbett neben RUNDfunkempfangsgeräten unterm
RUNDbogenfenster ist blutbefleckt.
Der RUNDliche Kater umRUNDet Ruben und leckt
über Rubens RUNDe Backen und die kugelRUNDen,
toten Augen. RUNDmails erreichen innerhalb von Sekunden
die RUNDfunkmitarbeiter in der RUNDfunkanstalt.
RUNDfunkrat Ruben wurde nicht alt.

S

SALBEnhersteller Emil

SALBEnhersteller Emil verschläft den halben
Tag mit FettSALBEn, BienengiftSALBEn, HeilSALBEn
und HaftSALBEn nach SALBEnbehandlungen im
fettglänzenden SALBEngesicht.
SALBEnpflaster, SALBEnumschläge und SALBEnverbände
trägt er dicht
darunter am Hals. Vor einer übergroßen SALBEndose
mit SALBEnfett und SALBEnflecken auf der Hose
spricht Emil über SALBEnrezepturen in seiner SALBEnfabrik
zwischen SALBEnrührmaschinen und SALBEntiegeln. Ganz
richtig tickt
er beileibe nicht, als er zwei SALBEnstränge
Antibiotika in SALBEnform und von beachtlicher Länge
mit SALBEibutter, SALBEiblättern und SALBEitee für
Werbeclips
hinunterwürgt. Vorm Krankenhaus heult Emils Hund Fips.

SCHADENsgutachterin Ilse

SCHADENfroh begutachten SCHADENinspektoren mit Ilse einen WASSERschaden,
den ein SCHADENsingenieur mit DachSCHADEN beim Baden
mit einer SCHADENsjuristin mit MeniskusSCHADEN verursacht
hat. Dass die SCHADENsursache eine Wasserschlacht war, steht nicht im SCHADENsprotokoll.
SCHADENsregulierer Franz
erschleicht SCHADENersatz und erfindet eine riesige SCHADENsbilanz
mit SCHADENsgutachterin Ilse. Sie zeichnet ein SCHADENsobjekt,
komplexe SCHADENslagen und einen WaldSCHADEN und entdeckt
ihr Maltalent! Als sie eifrig SCHADENsverläufe skizziert, werden ihre Bilder von einem HagelSCHADEN prämiert.
Ein reicher SCHADENsverursacher mit irreparablem LeberSCHADEN bezahlt
für SCHADENsversicherungen und Bilder, die Ilse malt.
SCHADENsgutachterin Ilse verkauft ihm zudem ein SCHADENskomfortpaket.
Sie begeht Selbstmord, als ihr GehirnSCHADEN feststeht.

SCHAUspieler Günther

Günter SCHAUkelt im SCHAUkelstuhl zwischen den
SCHAUspielproben,
während SCHAUspielregisseure SCHAUmwein trinken und
SCHAUspielerinnen loben.
SCHAUspieler Günther spielt einen FleischbeSCHAUer, der
SCHAUzebrafinken
und SCHAUwellensittiche erbt, die aus SCHAUmlöffeln
trinken
und in SCHAUvitrinen hinter vorgeschobenen
SCHAUfenstern umherschwirren.
Während einer FleischbeSCHAU und einer AutoSCHAU
verwirren
Günther seine Gefühle. Er SCHAUdert kurz, SCHAUt
daheim gleich nach den SCHAUvögeln und baut
zwischen der AbendSCHAU und FilmvorSCHAUen ein
Vogelzimmer!
Er vernichtet FleischbeSCHAUstempel und sagt für immer
»TSCHAU« zu seinem Chef. Günther und
SCHAUspielkollegen
wollen durchs SCHAUspielstück Zuschauer zum Nachdenken
bewegen.

SCHICHTarbeiter Karlheinz

Karlheinz isst beim SCHICHTbeginn SCHICHTtorte nach
SCHICHTkraut,
SCHICHTnougat und SCHICHTsalat. Nach seinen Blähungen
schaut
er unschuldig, wobei er in SCHICHTpausen SCHICHTgemüse
futtert. Nach der SonderSCHICHT tun ihm Füße
und Arme weh, und bei der FrühSCHICHT
brennen die Augen unter SchmutzSCHICHTen im Gesicht.
Beim UmSCHICHTen von SCHICHTholzplatten isst
Karlheinz SCHICHTkohl,
SCHICHTjoghurt und SCHICHTdessert, wonach er sich
unwohl
und SCHICHTuntauglich fühlt. Nach ExtraSCHICHTen und
SpätSCHICHTen
schreibt SCHICHTarbeiter Karlheinz in schlaflosen Nächten
SpukgeSCHICHTen,
die er SCHICHTarbeiterinnen und SCHICHTleitern
vorliest. Seine witzigen KurzgeSCHICHTen erheitern
auch den Firmenchef, Herrn SCHICHT. Karlheinz erhält
Lohn fürs GeSCHICHTen schreiben, was allen gefällt.

SCHLUCKtherapeut Anselm

Als SCHLUCKtherapeut Anselm Kontoauszüge ausdruckt,
bekommt er SCHLUCKauf und verSCHLUCKT
sich prompt neben SCHLUCKspechten und armen
SCHLUCKern,
die mit SCHLUCKgeräuschen Billigwein SCHLUCKen
zwischen Kontoauszugdruckern.
Anselm denkt an gestörte SCHLUCKfunktionen,
SCHLUCKtests, SCHLUCKultraschall
und SCHLUCKstörungen, als mit einem lauten Knall
der Geldautomat vor ihm explodiert.
Der SchwertSCHLUCKer neben ihm verliert
sofort das Leben. Anselm überlebt schwer verletzt.
Er trinkt SCHLUCKweise Tee, hat SCHLUCKschmerzen,
schätzt
das kostbare Leben aber plötzlich umso mehr.
Die FeuerSCHLUCKerin im Nachbarbett mag er sehr.

SCHMUCKverkäuferin Ilona

Ilona unterhält sich mit SCHMUCKdesignern über
SCHMUCKfotografie
und mit SCHMUCKherstellern und SCHMUCKhändlern über
SCHMUCKindustrie,
als zwei SCHMUCKräuber mit SCHMUCKwaffen
und NasenSCHMUCK sich Aufmerksamkeit verschaffen.
Ilona stopft SCHMUCKperlen, SCHMUCKanhänger,
SCHMUCKsteine,
KorallenSCHMUCK, SCHMUCKuhren und große
Geldscheine
hastig in SCHMUCKschatullen und SCHMUCKverpackungen
zum SCHMUCKversand
und stößt zwei SCHMUCKrahmen von der Wand
dabei, was die Alarmanlage im SCHMUCKladen aktiviert.
Der SCHMUCKe Polizist im SCHMUCKcafé nebenan reagiert
sofort. Mit SCHMUCKdraht fesselt er die SCHMUCKdiebe.
Die Chilenische SCHMUCKtanne im SCHMUCKgeschäft
bekommt Angsttriebe.

SCHNITTblumenhändler Silas und SCHNITTmeisterin Sophia

Sophia deponiert frisch geSCHNITTene Fußnagelränder auf SCHNITTnelken,
die neben SCHNITTchen mit vertrocknetem KäseaufSCHNITT verwelken.
Silas erzählt auf einem AutobahnabSCHNITT seinen SCHNITTorchideen,
die zurechtgeSCHNITTen im SCHNITTblumenständer auf ZeitungsausSCHNITTen stehen,
von SCHNITTmeisterin und LebensabSCHNITTspartnerin Sophia und SCHNITTholz.
SCHNITTmeisterin Sophia präsentiert soeben geSCHNITTene FilmmitSCHNITTe stolz
dem TonSCHNITTmeister, der gerade eine SCHNITTwunde desinfiziert
und SCHNITTbohnen im SCHNITTlauchsalat mit SCHNITTblumennahrung garniert.
Während SCHNITTblumenhändler Silas in SCHNITTschutzstiefeln einigen zarten
SCHNITTrosen über eine SCHNITTblumenverkäuferin und andere SCHNITTblumenarten
Vorträge hält, dekoriert der TonSCHNITTmeister selbstvergessen SCHNITTbrot mit SCHNITTblumendünger, Kleister
und WurstaufSCHNITT. Der TonSCHNITTmeister und Sophia futtern,
während Silas und die SCHNITTblumenverkäuferin SCHNITTblumen bemuttern.

SCHULTERspezialist Frederick

Bei einer SCHULTERarthroskopie wird
SCHULTERspezialist Frederick schwach,
und er bekommt rechtsseitig SCHULTERschmerzen zwischen
SCHULTERdach
und Oberarmkopf, Stiche im Oberbauch,
und unterm SCHULTERblatt zieht's auch.
Anästhesistinnen mit SCHULTERlangen Haaren reden über
SCHULTERdrücken,
SchweineSCHULTERbraten, SCHULTERfreie Blusen,
SCHULTERgürtel und das Missglücken
von SCHULTERoperationen. Ein Assistenzarzt mit
stressbedingtem SCHULTERzucken,
HängeSCHULTERn und SCHULTERimplantat muss etliche
Medikamente schlucken.
Frederick trägt gehäkelte SCHULTERwärmer und einen
SCHULTERkragen.
Er spürt ein Brennen im SCHULTERgelenk, Magen
und SCHULTERblattheber. Mitten im SCHULTERzentrum
fällt SCHULTERchirurg Frederick bewusstlos um.

SCHWARZhändler Boris

Boris hat beim SCHWARZfahren seinen mattSCHWARZen SCHWARZohrpapagei dabei, der »SCHWARZgeld«, »Achtung SCHWARZe Sheriffs«, »Polizei« und »SCHWARZviolette Akelei« fehlerfrei ausspricht. Die SCHWARZe Dogge gehorcht nicht gut, während Boris SCHWARZe Löcher mit Malkreide auf SCHWARZen Asphalt malt und SCHWARZnesseltee, Korkenzieherweide, SCHWARZdornlikör, SCHWARZtees und SCHWARZe Bandnudeln mit Tintenfisch als SCHWARZbärtiger SCHWARZmagier verkleidet hinterm blauSCHWARZen Klapptisch verkauft. Während SCHWARZhaarige Männer mit grauSCHWARZen Brieftaschen vom SCHWARZkümmelöl und vom SCHWARZriesling einige Flaschen kaufen, entwendet der dressierte SCHWARZohrpapagei namens »SCHWARZspecht« Geldbörsen, und der Dogge »SCHWARZstorch« wird schlecht. Irgendwann mag SCHWARZhändler Boris ans SCHWARZe Meer. Da erkranken »SCHWARZspecht«, »SCHWARZstorch« und er schwer.

SCHWEIßtechniker Gottlieb

Mit SCHWEIßermaske, AchselSCHWEIß, zwei
SCHWEIßerbrillen
übereinander, SCHWEIßaufsaugenden Socken und
Aufputschpillen
liebt SCHWEIßer Gottlieb es, SCHWEIßüberströmt auf
Straßen
nach SCHWEIßarbeiten mit SCHWEIßmaschinen an
Polizeikontrollen vorbeizurasen.
Er hilft einem SCHWEIßfachingenieur beim Wald abholzen
und erhält dafür einen SCHWEIßpunktbohrer und
SCHWEIßbolzen.
Gegen SCHWEIßausbrüche und NachtSCHWEIß nimmt
Gottlieb Tabletten.
Er mag eine SCHWEIßerin, SCHWEIßroboter, starke
Zigaretten,
eingeSCHWEIßtes Fleisch und starken SCHWEIßstrom,
wobei er Nickelrauche und Chrom
einatmet. Mit SCHWEIßfieber, zwei SCHWEIßfachfrauen und
FußSCHWEIß
parkt Gottlieb zwischen Bahnschranken auf dem Bahngleis!

SELBSTverteidigungslehrer Samson

Samson verschmiert SELBSTgefällig SELBSTbräuner. Auf seine famosen SELBSTbildnisse und die SELBSTverständlich SELBST gefälschten, großen acht SELBSTverteidigungslehrer-Diplome auf der SELBSTklebenden, hellblauen Tapete ist Samson stolz! Mit SELBSTbewusstsein, SELBSTvertrauen und grenzenlosem SELBSTwertgefühl leitet Samson neuerdings SELBSThilfegruppen, SELBSThilfewerkstätten und SELBSTfindungsseminare und verkauft SELBSTgemachte Suppen dabei. Bei Probefahrten in SELBSTfahrenden Autos rüttelt SELBSTverteidigungslehrer Samson an SELBSTnachstellenden Handbremsen und schüttelt gleichzeitig bei SELBSTgesprächen mit SELBSTironie den Kopf.
Er murmelt SELBSTlaute, als er den Auspufftopf auf der Teststrecke durch SELBSTtönende Brillengläser erblickt.
Kursteilnehmer sind in Samsons SELBSThilfewerkstatt SELBSTvergessen eingenickt.

SONDErdezernatsleiter Mirko und SONDErschullehrerin Mirja

SONDErdezernatsleiter Mirko und SONDErschullehrerin Mirja sind SONDErlinge. Mirko trägt eine SONDErbar wirkende, beSONDEre Schlinge am rechten Arm, seit er zwischen SONDErsignalanlagen und SONDErmüll die flüchtende SONDErmaschinenbaumechanikerin am Kragen erwischte, die ihn beim SONDErcontainer am SONDErfeiertag niederschlug. Mit SONDEernährung durch einen SONDEnschlauch lag Mirko daraufhin abgeSONDErt auf SONDErstationen in Krankenhäusern! Mirko erhält SONDErgratifikationen, SONDErurlaub, SONDErgenehmigungen, ein SONDErfahrzeug, SONDErrechte, einen SONDErflug, SONDErfälle und SONDErinterviews in SONDErsendungen. Ein SONDErzug wird beSONDErs lackiert und nach ihm benannt. Durch diesen SONDEreinsatz wird SONDErdezernatsleiter Mirko bekannt.

SPIEGELhersteller Johann

SPIEGELhersteller Johann kann »Till EulenSPIEGEL« SPIEGELverkehrt schreiben, trotz hohem AlkoholSPIEGEL. Er neigt zum Übertreiben, wenn er von seinen DarmSPIEGELungen, SPIEGELfabriken, verSPIEGELten SPIEGELn und SPIEGELglatten Fahrbahnen spricht. Im versiegelten, mit SPIEGELfolie und SPIEGELdruck versehenen, dicken Umschlag erhält Johann MietSPIEGEL und AktienSPIEGEL vom Tag und BlutzuckerSPIEGEL, HormonSPIEGEL und seinen CholesterinSPIEGEL keimfrei serviert. Daneben stehen gedünstete SPIEGELkarpfen mit SPIEGELei. Er begutachtet SPIEGELschränke und SPIEGELleuchten ohne Hast neben ZerrSPIEGELn und SPIEGELfliesen in seinem SPIEGELpalast. Johann bestellt SPIEGELdecken und SPIEGELheizungen fürs SPIEGELkabinett und stirbt unspektakulär im SPIEGELsaal im Himmelbett.

STAMMzellforscherin Irene

Irene STAMMelt auf ihrem Vortrag über STAMMellarten und erhält nur von einem STAMMbaumforscher zarten Applaus. Die STAMMbelegschaftsmitglieder in einem FirmenSTAMMhaus blicken
skeptisch auf den STAMMzellenspender, der am dicken Daumen nuckelt und zwischen HochSTAMMrosen, einem BirkenSTAMM und den großen
Plakaten von STAMMzellkongressen, STAMMzellmedizinern und zwei STAMMzelllaboren
steht. Der STAMMzellenspender puhlt in seinen Ohren, während Irene von STAMMzellpräparaten, dem STAMMzellgesetz, STAMMzelldatenbanken, STAMMzellmarkern, STAMMzellkulturen und der Hoffnung der Krebskranken
spricht. Einen Satz hat der STAMMzellenspender frei, der an STAMMfettsucht leidet und FamilienSTAMMbücher nebenbei
zeigt, während er redet! STAMMgast Irene flieht danach in ihr STAMMcafé. In ihrem STAMMlokal hält sie Referate über STAMMaktien und STAMMkapital.

STEILwandfahrer Erich und WÄRMEtechnikerin Emilia

Emilia denkt an ReibungsWÄRME, STEILfeuergeschütze, die WandSTEILe
und KörperWÄRME beim STEILwandfahren, als sie Teile
vom STEILwand-Motorrad treffen. WÄRMEtechnikerin
Emilia schwebt
im siebten Himmel, weil STEILwandfahrer Erich überlebt
und ihr herzerWÄRMEnde Blicke und WÄRMEnde Schlucke
aus seiner STEILbrustflasche schenkt. Wie eine Glucke
überwacht Emilia Erich und schenkt ihm
WÄRMEunterbetten,
FußWÄRMEr, WÄRMEtherapiegeräte, WÄRMEstrahler
und WÄRMEsitze für Toiletten.
Ohne Emilias PulsWÄRMEr beginnt Erichs steile Karriere
und in Emilias WÄRMEweste auch eine Affäre
mit einer bildhübschen NachtschWÄRMErin unter einem
STEILdach.
Emilias STEILer Nahschuss macht überraschend wenig Krach.

STIFTsärztin Belinda

Im STIFTungskrankenhaus referieren STIFTungsmanager
über das STIFTungskapital,
als Belindas STIFTmine und STIFTzahn auf einmal
fast gleichzeitig abbrechen! Eine STIFTkrone
wackelt, während STIFTsärztin Belinda ohne
DeoSTIFT ungut zu riechen beginnt.
Neben STIFTebechern und FarbSTIFTen rinnt
Belindas KajalSTIFT mit zwei Tränen
vermischt. STIFTspfarrer und STIFTungsgründer erwähnen
geradeTerminvorschläge für STIFTungsfeste in der
STIFTungsbrauerei,
als aus Belindas großer STIFTemappe zeitgleich zwei
LippenSTIFTe, mehrere LidSTIFTe und KlebeSTIFTe aufs
STIFTparkett
fallen. Während der Vorsitzende des STIFTungsrates nett
lächelt, erbricht Belinda im STIFTungssaal grünen Schleim.
Mitglieder der STIFTungsaufsicht flüchten spontan ins
STIFTsheim.

STREIFENpolizist Klaus

STREIFENpolizist Klaus und zwei STREIFENbeamtinnen ergreifen
einen Dieb im NadelSTREIFENanzug am SeitenSTREIFEN beim ZebraSTREIFEN. Während der Dieb im STREIFENwagen
im STREIFENhemd auf seltsame KondensSTREIFEN deutet, jagen
seine STREIFENhörnchen unter seiner STREIFENjacke eine STREIFENgrasmaus.
Plötzlich toben VielSTREIFENgrasmäuse übers STREIFENshirt von Klaus!
Fensterputzer putzen STREIFENfrei neben Bauarbeitern vor STREIFENfundamenten
und diskutieren über SchwangerschaftsSTREIFEN, STREIFENminiröcke und Renten,
als das STREIFENfahrzeug über den GrünSTREIFEN schießt,
wo neben verschimmelten SpeckSTREIFEN erstes Grün sprießt;
zwischen PapierSTREIFEN, BlechSTREIFEN und einer toten STREIFENgans.
Blutrot sind die STREIFENsocken vom Bauarbeiter Hans.

SUCHTberaterin Susanna

Ein geSUCHTer Mörder in der SUCHTambulanz entblößt sich vor SUCHTpatienten mit SexSUCHT und löst bei Managern mit MachtSUCHT und verschiedenen SUCHTkranken RaffSUCHT, EiferSUCHT, TobSUCHTsanfälle, NaschSUCHT und verschiedene SUCHTgedanken aus. Ein bildhübscher SUCHTkranker, der an VerfolgungsSUCHT leidet, beSUCHT SUCHTberaterin Susanna auf der Flucht vor seinem SUCHTtherapeuten und vor seinem SUCHTdruck. Vom ausgeSUCHTen Absinth teilt er einen Schluck mit Susanna! Vor SUCHTgruppen referiert Susanna besoffen über den Umgang mit AlkoholSUCHT und SUCHTstoffen. Bei der SUCHTweiterbildung im neuen SUCHTtherapiezentrum spricht sie über ihren SUCHTverlauf und ihren SUCHTlebensbericht.

THEATERtherapeutin Thea

Mit reichlich THEATERblut und THEATERschminke schminkt
Thea THEATERbegeisterte auf THEATERreisen und singt
dabei falsch zu THEATERmusik. Bei Theas THEATERquiz
gewinnen alle THEATERbesucher THEATERrequisiten, wie
Loriots Gebiss.
Auf THEATERbühnen in THEATERstücken und bei
THEATERproben
lassen THEATERregisseure Thea theatralisch durch
THEATERaufführungen toben!
THEATERtherapeutin Thea gibt zwar THEATERunterricht;
THEATERtexte vergisst sie aber schlicht
und einfach sofort. THEATERleiter lassen
Thea beim THEATERcafé vor THEATERkassen
einfach THEATER spielen! Ein THEATERintendant
im THEATERrestaurant findet alles interessant,
was Thea als THEATERdarstellerin im StadtTHEATER
macht.
Sie verlieben sich in der »humorigen THEATERnacht«.

TURMspringer Ansgar

Ansgar erhält in »STURM der Meere«
als sTURMerprobter BohrTURMarbeiter nach seiner Karriere
als TURMspringer eine Nebenrolle. Im alten WasserTURM
wird sein neues »TURMcafé TURMfalke« vom AnsTURM
der TURMbesucher überrollt, die im TURMhotel
TURMzimmer
mit »TURMgeist-Service« buchen und garantiert immer
Ausblick auf STURMflaggen und TURMdrehkräne neben
Neubauten
haben. Beim »Talk im TURM« sprechen Astronauten
mit Ansgar über TURMdeckelschnecken, TURMalinquarz,
sTURMfeste Dachziegel,
STURMhauben, STURMfluten und das Aussterben der Igel,
als ein WirbelsTURM über die Stadt fegt!
Der nicht nur Ansgars sTURMgebeutelten TURM zerlegt.

𝒰

ÜBERsetzerin Karin

ÜBERsetzerin Karin liest mit ÜBERbein, ÜBERgewicht
vornÜBERgebeugt
in ihrer ÜBERgangsjacke ÜBEReifrig und sehr ÜBERzeugt
von sich aus ihrem Krimi »ÜBERflieger, ÜBERqualifiziert«.
Sie wirkt ÜBERcool und ÜBERheblich und verliert
ÜBERmäßig oft den Faden. Ihr ÜBERbiss macht
ihr darÜBER hinaus zu schaffen. ÜBERhaupt lacht
nur ein Mann ÜBERschwänglich oft ÜBER Textpassagen,
die nicht komisch sind. ÜBERgroße Autos rasen
später ÜBERirdisch schnell auf der ÜBERsichtlichen,
ÜBERbreiten
StraßenÜBERquerung vorÜBER! ÜBERsetzerin Karins
ÜBERgroße Augen weiten
sich, als sie ÜBERschuldet, ÜBERarbeitet und frustriert
nach einer ÜBERdosis Heroin ÜBERs Straßenpflaster
spaziert.

ÜBERsetzerin Mathilda

ÜBERsetzerin Mathilda tätigt eine ÜBERweisung beim ÜBERgroßen
Alufenster in der Bankfiliale, womit sie RadÜBERhosen, ÜBERteuerte ÜBERgangsjacken und einen ÜBERtopf bezahlt. ÜBERwachungskameras ÜBER ihrem Kopf filmen die GeldÜBERgabe vom BankÜBERfall und ÜBERlange Schwertransporter, die ÜBERall vorm Bankgebäude parken, weil der unÜBERsichtliche BahnÜBERgang
mitten im Ort wegen ÜBERflutung ÜBERmäßig lang gesperrt wurde. ÜBERraschend gelassen ÜBERgibt der Bankangestellte
Geldnoten. ÜBERgewichtige Polizisten stehen in der Kälte draußen neben ÜBERholverbotsschildern und behalten den ÜBERblick.
Das Ganze ist ÜBERhaupt nur ein Filmtrick!

𝒱

VEREINsmanager Johannes

VEREINSmanager Johannes erbt, wie VEREINbart, die
VEREINsgaststätte
im VEREINsheim mitsamt VEREINsmeisterpokalen seiner
Tante Annette.
Er verwaltet die VEREINskonten von mehreren
OrtsVEREINen
und überweist einer VEREINslosen Trainerin einen kleinen
Betrag. Er managt den RuderVEREIN, zwei KunstVEREINe,
den SchwimmVEREIN und die WaldbsitzerVEREINigung
fast alleine!
Bei VEREINsabenden, VEREINSjahreshauptversammlungen
und VEREINsfeiern
spricht er mit VEREINssponsoren, VEREINsmeiern
und VEREINsmitgliedern aus den VEREINigten arabischen
Emiraten,
die Unmengen VEREINswappen, VEREINsbekleidung in
VEREINsfarben, Schweinebraten
und VEREINszeitungen bestellen. Im
VEREINstrainingsanzug
legt VEREINsmanager Johannes VEREINsgelder klug
an und verliest nach VEREINswettkämpfen die aktuellen
VEREINsnachrichten. VEREINskonten sind neuerdings seine
sprudelnden Geldquellen!

**VERHALTENstherapeut Volkhard und
VERHALTENsforscherin Pamela**

VERHALTENstherapeut Volkhard und
VERHALTENsforscherin Pamela verwalten
Daten über VERHALTENsbedingte Kündigungen.
Gleichzeitig unterhalten
sie sich angeregt über das richtige StuhlVERHALTEN
und das KurvenfahrVERHALTEN und
AbbremsVERHALTEN von alten
Autos mit VERHALTENsauffälligen Jugendlichen und
VERHALTENsoriginellen
Schülern beim VERHALTENscoaching. Für
VERHALTENsstudien bestellen
die beiden Menschen mit autistischen VERHALTENszügen,
VERHALTENsunsicherheiten und VERHALTENssüchten;
mit denen vergnügen
sie sich beim VERHALTENstraining an Wochenenden!
Über VERHALTENswissenschaftliche Entscheidungstheorien
und VERHALTENsexperimente versenden
beide Mails bis Mitternacht. Dann brechen
beide VERHALTENsverträge und VERHALTENsregeln und
stechen
wie VERHALTENsgestörte mit langen Küchenmessern
aufeinander ein!
Danach entkorkt VERHALTENsforscherin Pamela einen
edlen Wein.

VERSUCHsleiterin Ingrid und VERSUCHsfahrer Lennart

Ingrid adoptiert VERSUCHsweise einen VERSUCHshund, einen Beagle. Lennart überfährt bei ÜberholVERSUCHen auf VERSUCHsstrecken Igel. Ingrid VERSUCHt, aus VERSUCHslaboren gerettete VERSUCHskaninchen, VERSUCHshunde, und VERSUCHskatzen zu vermitteln. Lennart schafft Runde um Runde mehr BremsVERSUCHe, AufprallVERSUCHe und BeschleunigungsVERSUCHe und streift neben der VERSUCHsbrauerei eine Rotbuche. Ingrid entdeckt in der VERSUCHsküche vom VERSUCHsgut Kot von VERSUCHsmäusen und VERSUCHsratten und Blut von VERSUCHsingenieuren, VERSUCHstechnikern und TierVERSUCHsgegnern! Lennart VERSUCHt, VERSUCHsmechanikern neben der VERSUCHsanstalt auszuweichen, und flucht kräftig nach dem misslungenen VERSUCH. In VERSUCHsräumen entdeckt Ingrid VERSUCHspersonen, die nach MedikamentenVERSUCHen träumen.

W

WACHtmeisterin Käthe und FLUCHthelfer Eduard

Käthe stolpert FLUCHend über den erWACHenden,
altersschWACHen
WACHhund, bevor sie WACHolderschnaps mit dem
halbWACHen,
finanzschWACHen und leicht schWACHsinnigen
FLUCHthelfer Eduard teilt,
der gedankenverloren an seinen eingeWACHsenen
Zehennägeln herumfeilt
und FLUCHthaube, FLUCHtmaske und weite
WACHsjacken trägt. Beide sind pleite.
Eduard wurde von FLUCHtfahrzeugen bei einer
MassenFLUCHt
überrollt, lag im WACHkoma, kämpft gegen Alkoholsucht
und wird wegen RealitätsFLUCHt psychiatrisch
behandelt. WACHtmeisterin Käthe öffnet apathisch
Eduards FLUCHtrucksack und zieht WACHolderlikör und
WACHsmalkreiden
heraus. Der WACHe WACHhund beobachtet die beiden,
als sie hellWACH gemeinsam vom FLUCHtbalkon springen.
ÜberWACH hören sie sekundenlang die Englein singen!

WAHLhelferin Dolores

Dolores postet WAHLlos Bilder von ihrer EssensausWAHL, WAHLplakaten mit WAHLsprüchen und WAHLkandidaten im Speiselokal
beim WAHLlokal. Sie speichert eine KurzWAHLnummer und WAHLlichtbildvorlagen und liest vom Liebeskummer einer Busenfreundin, bevor sie ins WAHLlokal zurückgeht.
Von WAHLsystemen, WAHLqualifikationen, WAHLkämpfen und WAHLrechtsgrundsätzen versteht
WAHLhelferin Dolores wenig. Eine WAHLverwandte postet ihre BriefWAHLunterlagen und interessante
Bilder von MissWAHLen, ihrer LiteraturausWAHL, falschen WAHLversprechen,
ihrer WAHLgrabstätte, einer IntendantenWAHL und ungelösten Verbrechen.
Ein hübscher WAHLleiter gibt WAHLhelferin Dolores Tipps zu BankausWAHL und AktienausWAHL! Er postet Slips, die zwischen WAHLurnen, WAHLzetteln und
WAHLcomputern liegen.
Wird er Dolores in der WAHLnacht rumkriegen?

WELLEnreiterin Waltraud

Waltraud erbt zwischen TerrorWELLEn, KälteWELLEn und PreissteigerungsWELLEn
KurbelWELLEnwerke, WELLEnbäder und WELLEnsittiche, die das Bellen
von »MonsterWELLE«, ihrem Mops, nachahmen.
Waltraud gibt ihren WELLEnreitbrettern Namen
und übt mit WELLEnreitlehrern in WELLEnreitkursen WELLEnreiten.
Ihre DauerWELLE, WELLEnförmiges Fieber und HitzeWELLEn bereiten
ihr Probleme. Mit WELLEntorten und rohen Eiern
experimentiert sie in MikroWELLEngeräten, und beim Feiern
im WELLEnbecken ihres WELLEnhallenbads geht
eine WELLEnmaschine kaputt. Waltraud verdreht
die Augen und kauft BahnschWELLEnwerke und WELLEnreitshops.
Bei anschWELLEnden WELLEn fällt Waltraud in Flipflops
vom WELLEnbrett und verschwindet zwischen zwei BrandungsWELLEn,
während Mitarbeiter im WELLEnbad neue WELLEnmaschinen aufstellen.

WUNSCHtermin

Der Manager ordert den WUNSCHoldtimer als WUNSCHwagen
mit WUNSCHkennzeichen zum WUNSCHtermin. Gehetzte Paketboten tragen
WUNSCHpakete zu WUNSCHnachbarn, die auf WUNSCHgrundstücken
in WUNSCHimmobilien residieren. Wegen des WUNSCHkredits erdrücken
den Paketzusteller Geldsorgen. Er sucht den WUNSCHort
für eine WUNSCHlieferung und liefert WUNSCHteppiche dort
WUNSCHgemäß ab. Weder vor seiner WUNSCHwerkstatt
noch WUNSCHgemäß wird ein Vorderreifen platt.
Die WUNSCHlos glückliche Unternehmensberaterin
versendet ihre WUNSCHtermine
für den WUNSCHkaiserschnitt, die Lieferung der Waschmaschine,
WUNSCHurlaube, WUNSCHhotels und die Zustellung der WUNSCHarmbänder;
letztere gehen mit GlückWUNSCHbotschaften an arme Länder!

ZAHLmeister Zachary

Zachary beantragt RatenZAHLungen für die ZAHllosen Vereine,
wo er als ZAHLmeister waltet. ZAHLreiche ZAHLscheine
füllt er mit ZAHLensalat, MotordrehZAHLen, unleserlichen ZAHLen,
OrtsnetzkennZAHLen und ZAHLenrätseln aus, und das Ausmalen
einer gewissen STÜCKzahl von Kästchen ist Pflicht.
ZAHLencodes von Tresoren kann Zachary sich nicht merken, also notiert er die im Keller
auf ZAHLungsplänen, ZAHLungserinnerungen und ZAHLkarten neben dem ZAHLteller.
Seine neue Freundin ist ZAHLkellnerin mit hoher KinderZAHL und exzellentem ZAHLenverständnis. Ein sehr lebensfroher
Mitarbeiter eines ZAHLungsinstitutes erzählt ZAHLmeister Zachary, dass ein sehr dreister
Dieb eine VielZAHL von Tresoren blitzschnell knackt!
Die Diebin ist ZAHLkellnerin und steht nackt
vor Zachary. Er denkt an UnbeZAHLbarkeit,
bis die ZAHLkellnerin sehr laut schreit.

ZELThersteller Sönke

ZELThersteller Sönke tänZELT um ZELTöfen unter
ZELTplanen,
während seine Pudeldame ZELTschnur zernagt, über
ZELTbahnen
purZELT, über ZELTstangen springt und ZELTheringe
apportiert.
Die Pudeldame namens »ZELTmuschel« blinZELT und
galoppiert
mit einer ZELTtasche und ZELTgummis im Maul
vom BierZELT zum ZELTcafe wie ein Zirkusgaul!
ZELTmuschel beißt zwischen einem ZELTbetrieb
und ZELThallen einem dicken Taschendieb
ins Bein, und zwei ZELTbesucher filmen mit.
KinoZELT-Betreiberinnen machen ZELTmuschel zum
Internet-Hit.
Sönke kitZELT eine bildhübsche FestZELTwirtin und
schmunZELT,
weil ZELTmuschel herumscharwenZELT und die Stirn
runZELT!

ZIVILfahnderin Mina

Zwischen ZIVILverfahren und ZIVILbeamtinnen im ZIVILgericht
schminkt ZIVILfahnderin Mina ihr bleiches Gesicht.
Von ihren ZIVILisationskrankheiten plagt sie die Gicht
am meisten. Bei ZIVILprozessen sitzt sie dicht
hinter einem ZIVILrichter. ZIVILpolizisten schreiben einen Bericht
über Mina. Neben ZIVILmaklern und ZIVILdienstleistenden spricht
sie pausenlos über den ZIVILrichter, ZIVILschutzkonzepte,
Nahrungsmittelverzicht,
ZIVILschutzsignale, ZIVILschutzbunker und ZIVILklagen.
Bei einer Arbeitsschicht
des ZIVILrichters rauben ZIVILgeistliche Mina die Sicht.
ZIVILärzte und ZIVILdienstbeauftragte verfolgen im grellen Neonlicht,
wie Mina sich vom geliebten ZIVILrichter nicht
beruhigen lässt und einen ZIVILgeistlichen spontan ersticht!

ZWEIGstellenleiter Jonas

Jonas fährt zu weitverZWEIGten Verwandten. Der ZWEIGstellenleiter leert zwischen der ZWEIGapotheke und ZWEIGunternehmen heiter eine Flasche ZWEIGelt. Neben einer ZWEIGleisigen Eisenbahnstrecke lotst die Navigationsstimme Jonas neben einer ZWEIGhecke auf eine mit vielen TannenZWEIGen und HaselZWEIGen bedeckte AbZWEIGung. Im Radio geht's um Feigen, ZWEIGdatteln, die soziale Konstruktion der ZWEIGeschlechtlichkeit, ZWEIGeltreben und ZWEIGeteilte Persönlichkeiten, die in ZWEIGenerationenhäusern leben. ZWEIGstellenleiter Jonas nippt am blauen ZWEIGelt und denkt an Frauen, ZWEIGeschlechtige Wesen und ZWEIGeschossige ZWEIGniederlassungen. Den ZWEIGkanal übersieht er völlig! Die Folgen sind fatal.

Über die Autorin:

Dass ich Birgit Hufnagl heiße,
wissen Sie ja, weil's auf dem Cover steht.
Ich treibe am liebsten Sport draußen
(Radeln, Laufen und mehr …), wann immer es geht,
und da entstehen so manche Ideen
für die Reime und fürs Reimkabarett – ganz nebenbei.
Geboren wurde ich in München, 1968 am 25. Mai.
Die beiden Schriftstellerkatzen interessieren sich
grundsätzlich mehr fürs Futter
als für ihre ständig reimende Katzenmutter.
Katzenvater und Fotograf Andreas Kandsberger
ist ständig am Fotografieren.
Wobei die Katzen recht gern posieren!

Buchempfehlungen:

Mikro frei für Wortspielerei
Reime von Birgit Hufnagl
ISBN 978-3-95720-009-9
11,95 Euro

Feinabgleich
Reime von Bärbel Maiberger
ISBN 978-3-95720-178-2
7,95 €

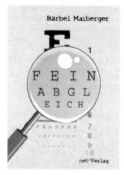

Traumzeitstunden
Lyrik und Fotografie von Diana Stein
ISBN 978-3-95720-163-8
15,95 €